Bibliothèque de la Revue d'Alsace. — VIII.

LES SUFFRAGANTS

DE

L'ANCIEN ÉVÊCHÉ DE BALE

PAR

Mgr CHÈVRE

PARIS
A. PICARD & FILS
rue Bonaparte, 82

COLMAR
H. HUFFEL
Place neuve, 8

1906

BIBLIOTHÈQUE
DE LA REVUE D'ALSACE

Pour répondre à un vœu qui lui a été souvent exprimé, la Direction de la *Revue d'Alsace* a commencé la publication, sous le titre de **Bibliothèque de la Revue d'Alsace**, d'un supplément exclusivement réservé à des travaux, documents [illegible] historiques, etc., que leur longueur ne permettrait que difficilement d'insérer dans le corps même de la *Revue*.

Ont paru jusqu'ici :

I. *Les anciens règlements municipaux de la ville d'[illegible] de 1561*, publiés par M. Ch. Hoffmann. In-8° de [illegible] pages. Prix : 4 marcs.

II. Le *Journal du palais du Conseil souverain d'Alsace, de Holdt*, publié par M. Angel Ingold. Tome I, avec le portrait de l'auteur. In-8° de 171 pages. Prix : 4 marcs.

III. Le *Journal de Holdt*. Tome II. In-8° de [illegible] pages. Prix : 4 marcs.

IV. *Le Protestantisme à Haguenau*, par M. Hanauer. In-8° de [illegible] pages. Prix : 4 marcs.

* V. *Turenne et le maréchal de Rosen*, par A. M. P. Ingold. In-8° de [illegible] pages. Prix : 1 marc.

* VI. *L'Église et la paroisse de Soultz* (Haute-Alsace), par A. Gasser. In-8° de [illegible] pages. Prix : 2 marcs.

VII. *L'Obituaire des chevaliers de Saint-Jean de Sélestat*, par E. Rock. In-8° de [illegible] pages. Prix : 3 marcs.

* VIII. *Les Suffragants de l'ancien évêché de Bâle*, par Mgr. Chèvre. In-8° de [illegible] pages. Prix : 4 marcs.

En cours de publication :

* IX. *L'Alsace au XVIIe siècle*, par Ch. Hoffmann. Tome I, in-8° de [illegible] pages. Prix de l'ouvrage complet en 4 volumes : 38 marcs.

En préparation :

La Guerre de Trente Ans à Haguenau, par M. Hanauer.

Le Journal de Holdt, Tome III.

N.B. *Les abonnés n'ont pas droit aux ouvrages marqués d'un astérisque.*

LES SUFFRAGANTS

DE

L'ANCIEN ÉVÊCHÉ DE BALE

REVUE D'ALSACE (SUPPLÉMENT)

BIBLIOTHÈQUE

DE LA REVUE D'ALSACE

TOME VIIIe DE LA COLLECTION

COLMAR
H. HUFFEL, LIBRAIRE
1906

LES SUFFRAGANTS

DE

L'ANCIEN ÉVÊCHÉ DE BALE

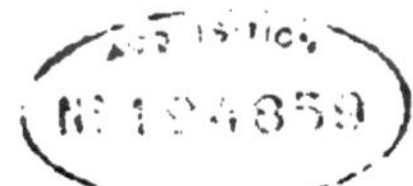

PAR

Mgr CHÈVRE

COLMAR
H. HUFFEL, LIBRAIRE
1906

RIXHEIM (ALSACE). — IMPRIMERIE F. SUTTER & CIE

LES SUFFRAGANTS

DE L'ANCIEN ÉVÊCHÉ DE BALE

AU XIIIe SIÈCLE

NOTE PRÉLIMINAIRE[1]

Dans l'Eglise primitive, chaque chrétienté avait son évêque. Plus tard, le concile de Laodicée, au IVe siècle, interdit l'érection d'évêchés ailleurs que dans les cités. Les titulaires des évêchés supprimés devinrent alors les auxiliaires de l'évêque de la cité ; de même les évêques chassés de leurs sièges au VIIe siècle par les Sarrazins. Intérimaires d'abord et appelés à exercer leurs fonctions dans des cas isolés, les évêques auxiliaires finirent par être attachés d'une manière stable à un évêché. « L'étendue de certains évêchés, dit D. Berlière, les occupations multiples de leurs titulaires, obligés de remplir un rôle politique, forcèrent les évêques à attacher à leur personne un auxiliaire qui put les remplacer pour les fonctions pontificales, et parfois aussi pour l'administration spirituelle de leurs diocèses. On ne peut nier que dans certains cas des évêques n'aient trouvé dans les auxiliaires une institution qui venait singulièrement en aide

1. Ces quelques brefs renseignements sur l'origine des suffragants intéresseront sans doute nos lecteurs. Nous les empruntons en grande partie à un article récent de la *Revue bénédictine* (janvier 1903), dû à la plume érudite de notre excellent ami et collaborateur, D. Ursmer Berlière, directeur de l'Institut belge à Rome.

à leur incurie, à la négligence ou même à l'oubli de leurs devoirs de pasteurs. Mais attribuer à ces motifs l'institution des évêques auxiliaires serait une exagération manifeste et une erreur. Les titulaires de grands évêchés, surtout des principautés ecclésiastiques, avaient besoin d'aides; leurs fréquentes absences, l'obligation où ils étaient de s'occuper d'une foule d'affaires d'ordre temporel, les obligeaient à prendre des mesures sérieuses, afin de veiller au bien spirituel de leurs sujets ».

Le XIIIe siècle vit se multiplier le nombre des évêques auxiliaires; souvent « la vanité et l'ambition s'en mêlèrent, dit D. Berlière; des religieux d'ordres mendiants y trouvant un moyen soit de faire valoir leurs talents, soit de s'émanciper du joug de la vie régulière[1] »; abus auxquels portèrent remède le concile de Vienne (1312) et surtout le concile de Trente (1547). Finalement les papes Pie IV et Pie V organisèrent définitivement la situation des suffragants, en réglant la question de leurs revenus, en leur interdisant les fonctions épiscopales en dehors du diocèse auxquels ils étaient attachés, et en limitant leur nombre aux seules églises qui étaient dans l'usage d'en avoir un ou dans le cas de nécessité urgente.

I.

Jean, *évêque de Lintonia* (Lintoniensis), avant 1238.

Vicaire *in pontificalibus* de l'évêque Henri de Thoune, lequel assistait, peu avant sa consécration et son élévation définitive sur le siège épiscopal de Bâle, au IVe concile de Latran (1215).

1. WIMPHELING, cité par Grandidier-Ingold, III, 26.

Henri de Thoune tint le siège de Bâle de 1216 à 1238, année de sa mort, qui eut lieu le 17 février.

C'est pendant cette période, sans doute vers la fin, qu'il demanda et obtint de Rome un évêque auxiliaire dit suffragant.

« Henri de Thoune, dit le Père Sudan, est le premier prince-évêque de Bâle qui se soit adjoint un pro-évêque, ou, comme on l'appelle, un suffragant, dans la personne de Jean, évêque de Lintonia »[1].

Et pour expliquer ce titre épiscopal, l'auteur de la *Basilea sacra* se hâte d'ajouter, d'accord avec la *Chronique de Thann*, qu'il semble avoir copiée : « Après que les Sarrazins eurent chassé de leurs sièges les évêques d'Asie et d'Afrique, le Saint-Siège, voulant conserver ininterrompue la succession des évêques dans ces régions conquises par les Sarrazins, déféra leurs titres à des pro-évêques, destinés à prêter leur ministère comme vicaires aux évêques de l'Europe qui en auraient besoin. De là le nom de *Titulaires* ou de *Portatifs* qui leur est donné dès les temps anciens, et qui les montre, avec leur titre, exilés de leurs églises ».

La *Chronique de Thann* ajoute que l'évêque Jean de Lintonia était membre de l'Ordre teutonique avant d'être élevé à l'épiscopat[2].

C'est tout ce que nous savons sur le premier suffragant de l'évêché de Bâle.

II.

Thierry, *episcopus Vironensis*, 1264.

L'histoire de l'illustre abbaye de Murbach nous donne le nom du second suffragant connu dans l'évêché

1. *Basilea sacra*, 226. Cfr. HAFFNER, *Solothurner Geschichte*, I, 298. Toutefois, un *Weihbischof* du diocèse de Bâle est déjà signalé en 1160 comme consécrateur de l'église de Steinbach. Son nom n'est pas donné. (*Chronik des Klosters Schönensteinbach*, par DIETLER, p. 37).
2. *Chron. Thann.*, I, 109.

de Bâle. En 1264, le vicaire *pontifical* de l'évêque Henri de Neuchâtel était Thierry ou Théodoric, avec le titre d'évêque « Vironensis ».

D'après un document rédigé à Wattwiller en 1264, la veille des saints apôtres Simon et Jude, le suffragant Thierry venait de consacrer à proximité du village d'Uflholtz, une chapelle, avec son autel, en l'honneur de la Très Sainte Vierge Marie, des saints Antonin et Pancrace et de saint Antoine. La cérémonie avait été fort belle. En la terminant, le suffragant de Bâle avait accordé une indulgence de 40 jours aux pieux visiteurs de ce sanctuaire aux fêtes de l'Assomption et de saint Antoine [1].

III.

Albert, *évêque de Prusa* (Prusanus). 1274-1280.

C'est encore sous le règne de l'évêque de Bâle Henri de Neuchâtel (1272-1274), qu'apparait le successeur du suffragant Thierry. Il se nomme Albert, avec le titre de *Prusanus*. Il était à la mort de Henri de Neuchâtel (15 septembre 1274), son vicaire *in pontificalibus* [2].

Le suffragant Albert continua ses fonctions sous le célèbre évêque Henry d'Isny (1275-1286). Il appartenait, comme Henri d'Isny lui-même, à l'ordre des Frères mineurs.

En 1280, le jour de l'Assomption, il était à Saint-Amarin, où il consacrait, dans la chapelle du château, un autel en l'honneur de la Très Sainte Vierge. Il y renfermait des reliques de saint Jean-Baptiste, de sainte Marguerite, de saint Désiré, et même de la sainte

1. Gatrio, *Abtei Murbach*, I, 325. Archives départ. de Colmar, Murbach, cart. 45.
2. *Chron. Thann.*, I, 189.

Crèche et du saint Sépulcre. Indulgence aux visiteurs pendant l'octave de l'Assomption [1].

La même année, il réconcilie l'église et le monastère de Schwarzenthan et consacre deux autels dans cette église. Il accorde, en outre, des indulgences pour la visite de l'église du couvent [2].

IV.

Conrad, *évêque de Tulm* (sic), en 1294.

Au nom de l'évêque de Bâle, Pierre d'Aspelt, il consacre deux autels dans l'église de Steinbach, l'un en l'honneur de la Mère de Dieu, l'autre en l'honneur de la sainte Croix de N. S. J.-C. [3].

V.

Boniface, *évêque de Bosonie* (Bosoniensis), 1297 (alias 1293).

Sous le règne de l'habile médecin, Pierre d'Aspelt, élevé par Boniface VII en 1292 sur le trône des princes-évêques de Bâle, puis promu en 1307 par le pape Clément V au siège archiépiscopal de Mayence, le suffragant de Bâle fut d'abord Boniface, évêque de Bosonie. Il avait déjà fonctionné comme tel sous Pierre Reich de Reichenstein (1286-1296).

A cette époque de foi vive, Bâle, comme tant d'autres cités chrétiennes, se peuplait de maisons religieuses. Dans le nombre, on vit en 1275 les Augustines se construire à Bâle, sous les auspices de l'empereur Ro-

1. Codex 443 de la biblioth. de la ville de Colmar, cité par GATRIO, *Abtei Murbach*, I, 326.
2. *Revue catholique d'Alsace*, 1893, p. 30. (Document tiré des archives du Haut-Rhin).
3. *Chronik des Klosters Schönensteinbach*, p. 128.

dolphe de Habsbourg, et sous la conduite des Dominicains, le monastère de Klingenthal. L'église du couvent était achevée en 1297, et le 17 mai le suffragant de Bâle, Boniface, en fit la consécration solennelle[1].

Les Augustines de Klingenthal venaient du monastère de Hüsseren en Haute-Alsace, non loin d'Eguisheim. Plus tard, elles prirent l'ordre et l'habit des Dominicaines.

Le savant historien de Mülinen fait le suffragant Boniface évêque de « Bosnie ». Il le dit moine des Ermites de Saint-Augustin. Il ajoute que le suffragant Boniface consacra l'église des Augustines, avec ses trois autels, en l'honneur de la très sainte Vierge. Il fixe à l'année 1293 la cérémonie de cette consécration[2].

Au reste on peut lire en entier le procès-verbal de cette consécration dans les *Monuments de Trouillat*, tome II, p. 547-548.

L'ancien couvent de Klingenthal est aujourd'hui une caserne[3].

VI.

Ivan, *évêque de Lacédémone*, avant 1305.

Un bénédictin de Saint-Léonard, nommé Ivan, était suffragant de Bâle, lorsqu'en 1305 l'évêque Pierre d'Aspelt fut promu, comme nous l'avons dit, à l'archevêché de Mayence.

C'est la *Chronique de Thann* qui nous l'apprend[4]. Elle ne dit rien de plus de ce suffragant, que mentionne aussi en passant Haffner, l'historien de Soleure[5].

On ne doit pas confondre ce vicaire « in pontificalibus » de Pierre d'Aspelt, avec le vicaire général de

1. *Basilea sacra*, 244. WURSTISEN.
2. MÜLINEN, *Helvetia sacra*, II, 167. Cfr. TROUILLAT, *Monuments de l'Evêché de Bâle*, II, 547-548.
3. Id., ib., II, 168.
4. *Chron. Thann.*, I, 274.
5. HAFFNER, *Geschichte*, 127.

ce dernier, le chanoine Martin, prévôt des Augustins de Saint-Léonard, à Bâle[1]. Ce dernier n'avait pas le caractère épiscopal.

C'est à ce suffragant, comme aussi déjà à son prédécesseur Boniface, qu'on doit attribuer l'initiative ou au moins la rédaction des Statuts synodaux en 46 articles, qui furent promulgués en 1302 par l'évêque de Bâle, Pierre d'Aspelt. Comme ils sont rapportés tout au long dans l'*Histoire des évêques de Bâle* par Mgr. Vautrey, nous renvoyons le lecteur à cet ouvrage. Il ne pourra qu'admirer et louer hautement la sagesse de ces règles diocésaines[2].

VII.

Martin, *évêque de Drépanum* (Trapani, Sicile), 1311.

Othon de Grandsée, évêque de Bâle de 1306 à 1309, avait pour suffragant Martin, évêque « Drepanensis »[3]. Ce suffragant continua ses fonctions sous le successeur et neveu d'Othon, Gérard ou Gérald de Wuippens, qui figure déjà en 1310, comme évêque de Bâle nommé par le pape Clément V.

Or cet évêque Gérard s'attacha aux pas de l'empereur Henri VII, qu'il suivit en Italie.

Pendant ce lointain voyage, une cérémonie intéressante avait lieu à Thann, le dimanche avant la Toussaint 1311. C'était la bénédiction solennelle du nouveau couvent des Frères mineurs et la consécration de leur église, et en particulier du chœur de cette église. En l'absence de Gérard de Wuippens, l'évêque consécrateur fut le suffragant de Bâle, Frère Martin, évêque de Drépane. Par lui, l'église des Conventuels fut dédiée à la très sainte Trinité, à la très sainte Vierge, Mère de

1. GERBERT, *Codex diplom. hist. Sylvæ nigræ*, p. 242.
2. *Hist. des évêques de Bâle*, I, 290-293.
3. *Chron. Thann.*, I, 289.

Dieu, et mise sous la protection du saint apôtre Jacques le majeur, du saint martyr Christophe, de saint Erasme, évêque et martyr, du saint évêque Théobald et des saintes vierges et martyres Catherine, Barbe et Apollonie.

Ce fait nous est rapporté, dans tous les détails que nous venons de reproduire par la *Chronique de Thann*[1], avec cette différence que le chroniqueur suppose que l'évêque Othon vivait encore à cette époque. Ce qui est démontré inexact par trois documents authentiques que nous donne Trouillat dans ses *Monuments pour l'histoire de l'Evêché de Bâle*[2], contrairement à l'affirmation du P. Sudan et de l'historien de Bâle, Wurstisen.

VIII & IX.

Jacques, *évêque de Panaden* (Panadensis), et **Jean,** *évêque de Rurch* (Rurchensis), 1312-1320.

Ces deux suffragants ne nous sont connus que par Wurstisen[3], et la *Chronique de Thann.*

Nous lisons dans cette dernière : « Gérard de Wippingen emploie comme évêque-suffragant d'abord Jacques, évêque de Panaden, et après lui Jean, évêque de Rurch »[4].

Ainsi trois suffragants se succèdent rapidement sous le règne assez court du prince-évêque Gérard, par Agnès sa mère neveu de son prédécesseur sur le siège de Bâle, Othon de Grandsée.

Comment expliquer cette rapide succession ?

Le P. Sudan nous dit qu'au temps de certains suffragants, la peste sévit avec tant de fureur dans la Germanie et principalement sur les rives du Rhin, qu'elle

1. *Chron. Thann.*, loco cit.
2. *Monuments*, tome III, p. 155. 167 et 171.
3. P. 154.
4. I, 291.

fit à Bâle 14.000 victimes [1]. C'était, à cette époque, plus de la moitié de la population bâloise.

Rien d'étonnant, si l'un ou l'autre de ces prélat sa succombé à ce terrible fléau.

Rappelons d'ailleurs qu'il arrivait assez souvent qu'un suffragant passait d'un diocèse à un autre pour des raisons appréciées par les évêques respectifs. Nous en trouvons ci-après plus d'un exemple.

X.

Henri Wyss (Albus), *archevêque d'Anaverza* (Anaverzensis), 1346.

Jean Senn de Münsingen fut évêque de Bâle de 1335 à 1365. C'est un des plus longs épiscopats de ce siège. C'est aussi un des plus douloureux. En 1349, la peste noire, dite peste de Florence, ravage l'Europe et dépeuple la ville de Bâle, et, pour comble de malheur, cette ville est renversée aux trois quarts avec sa cathédrale et son château par l'horrible tremblement de terre qui détruisit, en 1357, plus de trente-quatre châteaux dans le Jura [2].

L'évêque Jean Senn avait pour suffragant en 1346, Henri Wyss, archevêque d'Anaverza.

Le 18 février de cette même année, le samedi après la fête de saint Valentin, évêque, le suffragant Wyss, « procureur et lieutenant au spirituel de l'évêque Jean », consacrait solennellement, et « à la grande joie de la seigneurie et de toute la contrée » [3] la nouvelle église de Saint-Théobald à Thann, ainsi que cinq autels et le cimetière. Cette importante cérémonie fut suivie, ajoute

1. *Basilea sacra*, 261.
2. Id., 272-274. *Chron. Abbati Argent.*, 165. WURSTISEN, *Chron. Basil.* URSTITIUS, *Epitome hist. Basil.*, 73.
3. Archives de la ville de Thann.

la *Chronique de Thann*, de divers actes pontificaux tels que confirmation, baptême de cloches (Glockentauffen), etc.[1].

Le 27 mars suivant, l'archevêque d'Anaverza consacrait à Mulhouse la chapelle de la Sainte Vierge appartenant à l'abbaye de Lucelle et accordait aux visiteurs de ce sanctuaire une indulgence de 40 jours pour les péchés mortels et une autre d'une année pour les péchés veniels[2].

Quand le chroniqueur de Thann écrivait les lignes que nous venons de rapporter, le suffragant Wyss était mort, comme l'indiquent ces mots : « Weyland Weybischoff ».

Il vivait encore en 1347. Le 25 juillet de cette année, à la fête de saint Jacques, apôtre, Henri Wyss (Albus) était à Bergheim, où il consacrait trois autels dans l'église de cette ville, et accordait 40 jours d'indulgences à ceux qui prieraient aux conditions ordinaires devant ces autels. Le premier était dédié à sainte Madeleine, le second à saint Jean l'Evangéliste, le troisième à saint Thomas, apôtre[3].

XI.

Pierre Senn, *évêque de Cython* (Cythonensis), 1363.

Après Henry Wyss, le règne de l'évêque Jean Senn vit un autre suffragant de Bâle dans la personne de Pierre, *episcopus Cythonensis*, qui était en même temps, en 1363, suffragant de Constance[4].

L'évêque Jean Senn avait été sept ans à relever sa cathédrale, grâce à des quêtes faites dans tous les dio-

1. *Chron. Thann.*, I, 354.
2. Lettre en parchemin, archives du Haut-Rhin, fond. Lucelle.
3. Eug. Hans, *Urkundenbuch der Pfarrei Bergheim*. Strasbourg Leroux, 1893, p. 46-47, et 289.
4. *Chron. Thann.*, I, 395.

cèses voisins. En 1363, la restauration de l'édifice était assez avancée pour qu'il pût être l'objet d'une nouvelle consécration. A en croire le chroniqueur de Thann et d'autres chroniqueurs, cette cérémonie eut lieu le 25 juin, en présence du roi de Chypre, Pierre I de Lusignan, venant de Strasbourg, et du duc d'Autriche, Rodolphe l'Ingénu. L'évêque consécrateur fut le suffragant Pierre Senn, évêque de Cython, assisté des prélats de Lucelle et de Pairis, de Saint-Blaise et de Beinwyl. Il accomplit cette cérémonie sainte sous les yeux du prince-évêque Jean Senn, que l'âge inclinait vers la tombe. Un nombreux clergé, une foule immense prenaient part à cette nouvelle consécration de la basilique de Saint-Henri. Les mêmes reliques qui sanctifiaient le tombeau du maitre-autel détruit par le tremblement de terre, retrouvées dans les décombres, prirent place dans le nouvel autel du chœur.

Et l'évêque Jean voulut que la première dédicace, faite en 1019, fût maintenue au 11 octobre de chaque année. Et comme en 1019, la cathédrale fut dédiée de nouveau à la Sainte Trinité, à la bienheureuse Vierge Marie, et à plusieurs saints en honneur dans le diocèse de Bâle [1].

Il est à croire que le suffragant Pierre Senn était un frère puiné de l'évêque Senn, et, comme lui, fils du chevalier Burkhard Senn de Münsingen et de Jeanne de Buchegg, fille du comte Henri, landgrave de Bourgogne [2].

Le suffragant Pierre Senn continua sans doute ses fonctions sous le règne belliqueux de l'évêque Jean de Vienne. Partagea-t-il sa politique ? L'histoire ne nous le dit pas.

1. *Chron. Thann.*; Wurstisen, *Chron. Basil.*; *Chron. Lucell.*, 295; N. Gerung, *Chron. episc. Basil.*, 325.

2. Th. von Liebenau, *Zu Basler Chronik von Nikolaus Gerung*, p. 6.

VI.

Jacques de Wattwyler, *évêque de Castorie* (Castoriensis), 1384-1391.

Le savant historien Trouillat, au vu d'un document qu'il avait sous les yeux, nous montre le suffragant de Bâle, Jacques, évêque de Castorie, consacrant un autel au monastère de Sainte-Catherine à Colmar, en 1384[1].

Ce suffragant Jacques, évêque de Castorie *in partibus infidelium*, n'était autre que Jacques de Wattwyler, d'abord chanoine, puis prévôt du chapitre de Saint-Ursanne de 1389 à 1397, que les archives du chapitre qualifient de weyebischoff[2].

Jacques de Wattwyler, dont le frère Rodolphe de Wattwyler était abbé du monastère de Lucelle en 1382, était connu et estimé de l'évêque Imier de Ramstein (1383-1395), qui avait été son prédécesseur en qualité de prévôt de Saint-Ursanne (1381-1382)[3].

Bien que le successeur immédiat d'Imier de Ramstein, à la tête de la collégiale de Saint-Ursanne, eût été Jean Münch de Landskron, nommé évêque de Lausanne, mais non accepté par ce diocèse, néanmoins le suffragant, Jean de Wattwyler, put à la mort de ce dernier lui succéder, non plus simplement comme l'élu du chapitre, mais en toute réalité, et joindre cette dignité à celle de suffragant de Bâle jusqu'à sa mort.

Le suffragant Jacques de Wattwyler, en 1391, eut mission du pape Boniface IX, de recevoir, avec l'évêque de Lausanne, Guy de Prangins, le serment de fidélité que devait prêter l'évêque de Strasbourg, Frédéric de Blanckenheim, en qualité d'administrateur de l'Evêché

1. TROUILLAT, *Monuments*, V, ad calcem.
2. Archives paroissiales de Saint-Ursanne, liste des prévôts du Chapitre.
3. MÜLINEN, *Helvetia sacra*, I, 191.
4. *Hist. de Saint-Ursanne*, p. 203.

de Bâle, après la démission d'Imier de Ramstein, acceptée alors par le souverain Pontife [1].

VII.

Georges, *évêque de Dimitrie* (Dimitriensis), 1398-1404.

Le siège de Bâle, en 1398, était vacant par la démission du prince-évêque Imier de Ramstein (1391), suivie de la mort de son successeur, Conrad Münch de Landskron (1395). Tandis que le comte Thiébaud VI de Neuchâtel (en Bourgogne) administrait l'évêché de Bâle au temporel, un suffragant était là pour l'administration spirituelle du diocèse.

C'était Georges, évêque de Dimitrie *in p. inf.* Ce prélat nous est connu par un document des archives départementales de Colmar. « En 1398, y est-il dit, Georges, évêque de Dymitrie, en l'absence d'un évêque de Bâle *sede vacante* [2], consacra la chapelle de Saint-Nicolas, avec ses trois autels, de Bitschwiller dans la paroisse de Willer, incorporée depuis longtemps à l'abbaye de Murbach, chapelle érigée, il y a bien des années, par de pieuses mains [3] ».

En 1404, un noble de Sickingen, nommé gardien de Thann, exprimait à l'évêque de Bâle le désir de remettre « en état de perfection » son couvent et son église, dont il demandait la « reconsécration ».

« Le 27 décembre suivant arrivait à Thann, dans ce but, Frère Georges, évêque de Dimitrie, de l'ordre des Prêcheurs, suffragant et vicaire général *in spiritualibus* du prince-évêque de Bâle, Humbert. Et le lendemain, jour des saints Innocents, il consacrait à nouveau

1. Catalogue des archives de l'Evêché de Bâle, n° 392, p. 26 et 102.

2. Ob carentiam tunc episcopi Basiliensis.

3. Fonds Murbach, ca t. 57, 2-3. Cfr. *Chron. Thann*, p. 305, et d TROUILLAT, *Monum.*, V, ad calcem.

l'église rebâtie et le chœur, ainsi que la chapelle de la Mère de Dieu, l'autel de saint François, ceux de saint Jacques le Majeur, de sainte Barbe, vierge et martyre, de saint Erasme, évêque et martyr, de l'archange saint Michel, comme aussi ceux de sainte Catherine et de saint Sébastien. Puis il donna la confirmation et bénit des cloches, savoir la grande et la petite du couvent, qui pesaient ensemble onze quintaux moins vingt-cinq livres, et une pour Leimbach du poids de treize quintaux. Au sortir de la cérémonie, il fut traité magnifiquement par le magistrat et la noblesse, et du couvent il regagna, très satisfait, la ville de Bâle, où il arriva en pleine santé ». Il bénit en même temps l'hôpital de Thann [1].

En 1400, le suffragant Georges obtint du jeune évêque de Bâle, Humbert de Neuchâtel, une nouvelle promulgation des statuts diocésains, publiés un siècle auparavant par l'évêque Pierre d'Aspelt.

« C'était, dit Mgr. Vautrey, rappeler le clergé et les fidèles aux règles de la discipline ecclésiastique et à tous les devoirs de la vie chrétienne ». Remarque plus sage que celle qui suit, et à laquelle nous ne pouvons souscrire, pas même à titre de transition : « Il était plus facile à l'évêque de régir les âmes que de gérer les affaires temporelles de l'évêché » [2].

L'historien oublie ici cette affirmation d'un grand pape et d'un grand docteur : « *Ars artium regimen animarum* ». (S. Grégoire).

VIII.

Henri, *episcopus Syginensis*, 1406.

Le suffragant Georges, évêque de Dymitrie, avait, en 1406, un successeur du nom de Henri, et du titre

1. *Chronique de Thann*, I. 477.
2. *Hist. des évêques de Bâle*, I, p. 430.

de Sygine-Syginensis. C'était sous le règne du prince-évêque Humbert de Neuchâtel (1397-1418), lequel, bien que calomnié par une plume, non historique mais romanesque, parait avoir été aussi bon évêque que bon prince [1].

En 1406, Henri, évêque de Sygine, suffragant de Bâle, consacre un autel en l'honneur de la Sainte Vierge et de saint Laurent dans la chapelle de Saint-Antoine près de L'ffholz, dépendante de l'abbaye de Murbach [2].

Il paraitrait que le suffragant Henri, bien qu'ayant eu deux successeurs pour le diocèse de Bâle, vivait encore en 1435, et remplissait de nouveau par intérim les fonctions de suffragant de Bâle. Car, le 6 octobre de la dite année, le comte Schmasmann Ier, ayant fixé sa résidence au château inférieur de Rappolstein, l'agrandit et y bâtit une chapelle de saint Ulrich, laquelle aurait été consacrée, en ce même jour, par Henri, évêque de Sygine, de l'ordre de Saint-Benoit, vicaire in pontificalibus de l'évêque de Bâle, le bénédictin Jean de Fleckenstein [3].

A moins qu'il ne faille lire Antonius episcopus Sudensis au lieu de Henricus, episc. Syginensis. (Vide infra).

On sait d'ailleurs que souvent un suffragant, comme autrefois les chorévêques, passait d'un diocèse dans un autre, pour rentrer ensuite dans son premier diocèse, d'après le besoin des circonstances et l'entente entre les évêques.

Il ne parait pas que le suffragant Henri ait accompagné l'évêque Humbert de Neuchâtel au concile de Constance, car on n'en trouve aucune trace.

1. Voir aux archives de l'évêché de Bâle les *Statuta synodalia* de l'évêque Humbert promulgués en 1400.
2. GATRIO, *Abtei Murbach*, I, 325.
3. Bezirks-Archiv Colmar, E, 2761. KRAUS, *Kunst u. Alterthum in Elsass-Lothr.*, II, 543.

IX.

Marc, *évêque de Tripoli*, 1423-1431.

Un vaillant évêque de Bâle, au temporel comme au spirituel, fut Jean de Fleckenstein, de 1423 à 1436. Il sut, d'un côté, tenir en respect les vassaux de l'Evêché et faire rendre gorge, les armes à la main, aux fiers comtes de Neuchâtel. Il ne sut pas moins, d'un autre côté, prendre et tenir noblement sa place au concile de Bâle, dont il n'eut ni le temps ni le regret de voir les allures schismatiques.

Le prince-évêque Jean de Fleckenstein, ancien prince-abbé de Seltz et frère de l'évêque de Worms, Frédéric de Fleckenstein, avait pour suffragant, en 1423, le frère franciscain Marc, évêque de Tripoli [1].

Ce suffragant, dit aussi frère mineur [2], consacrait, en 1427, le 22 septembre, un autel dans la chapelle de la Sainte Vierge, attenante à l'église collégiale de Saint-Amarin [3].

Le franciscain (Barfüser) Marc, évêque de Tripoli, mourut à Bâle au commencement de l'année 1431. Il reçut la sépulture chez les Franciscains de cette ville [4].

X.

Ægidius (Gilles), *évêque de Roffa* (Roffensis), 1432.

Le franciscain Fr. Marc eut pour successeur comme suffragant de Bâle le frère Gilles ou Ægidius, de l'ordre

1. *Chron. Thann.*, I, 518. Wurstisen, 241.
2. Gatrio, *Murbach*, II, 234.
3. Id., ib.
4. *Chron. Thann.*, I, 538.

des Carmes [1]. Il portait le titre d'évêque de Roffa, — episcopus Roffensis.

On sait que le Carmel, au XIVe et au XVe siècle, a brillé d'un grand éclat dans le domaine de la théologie et de la prédication. On aime à citer à cet égard le prieur des Carmes de Strasbourg, Jean Fust, de Creutznach, comme aussi un de ses successeurs, le prieur Jean de Dusseldorf. Au reste, dans toute l'Europe, le Carmel se distingua par des hommes éminents en science et dans l'art de la parole.

Le « Docteur sublime » à l'Université de Paris, François de Bacon, était un carme [2].

Comme une des fonctions spécialement dévolues aux suffragants de Bâle était la prédication [3], il est hors de doute que le carme Ægidius était aussi habile orateur que savant théologien. Ce qui lui valut la dignité épiscopale dont il fut revêtu sous le règne et à l'appel de l'évêque Jean de Fleckenstein.

XI.

Antoine, *évêque de Suda* (Sudensis), 1436.

Suda est un état dépendant de Candie, près de la côte septentrionale de cette île.

Le 14 février 1436, le suffragant Antoine, évêque de Suda, parait à Colmar, où il consacre l'église de Sainte-Catherine [4]. C'est le troisième suffragant que nous voyons fonctionner sous l'épiscopat de Jean de Fleckenstein.

Le suffragant Antoine, carme ou franciscain, fut encore appelé à ce haut ministère par Jean de Flecken-

1. Id., ib. — WURSTISEN, 241.
2. TRITHEMIUS, *De Scriptoribus ecclesiast*, ROHRBACHER, *Histoire de l'Eglise*, livre 83, 555.
3. Archives de l'Evêché de Bâle, liasse *de Suffraganeis*.
4. TROUILLAT, *Monuments*, V, ad calcem.

stein qui mourut à Bâle à la fin de l'année (20 décembre) 1436.

Comme son prédécesseur, le suffragant Antoine eut sa place marquée au concile de Bâle. Les actes de ce concile ne nous disent pas quelle attitude y fut prise par ces deux suffragants, dont l'orthodoxie avait pour garantie leur science et leurs vertus.

XII.

Hermann, *évêque de Vernesse* (Vernessensis), 1440.

Encore un religieux dont l'ordre ne nous est pas indiqué. En 1440, il consacre le chœur de l'église de Walheim, autrefois Walen, sur l'Ill, non loin d'Altkirch [1].

Le suffragant Hermann eut, lui aussi, à s'asseoir au sein du fameux concile de Bâle. Il eut en outre à porter seul le poids de l'administration spirituelle de l'Evêché sous le règne purement princier de l'évêque fainéant Frédéric Ze Rhein, qui exprimait, sur son lit de mort, le regret de n'avoir jamais célébré le saint Sacrifice.

Digne père d'un concile dont l'histoire peut dire : *Desiit turpiter in piscem.*

Le suffragant Hermann ne fut pas étranger, en 1441, à la rédaction du *Liber marcarum*, si riche en renseignements sur les paroisses du diocèse de Bâle à cette époque, copié par Trouillat et publié dans le Ve volume de ses *Monuments* [2].

XIII.

Nicolas Aman, *évêque de Tripoli*, 1449, 1451, 1457.

A la mort de Frédéric Ze Rhein (1451), qui s'était réconcilié trois ans auparavant avec le Saint-Siège, le

1. TROUILLAT, *Monuments*, V, ad calcem.
2. Id., ib., V, 1-84.

suffragant de Bâle était le frère Nicolas Aman, de l'ordre des Franciscains[1]. Ce docte et pieux prélat ne fut pas étranger, croyons-nous, à la détermination prise par l'évêque de Bâle en 1448 d'abdiquer un schisme aussi ridicule que honteux, pour revenir à l'unité catholique par sa pleine soumission au Pape légitime Nicolas V.

En 1446, le troisième dimanche de l'Avent dit *Gaudete*, le suffragant Nicolas, vicaire général in pontificalibus de l'évêque Sifrid (Frédéric) « réconcilia et consacra » l'église et le cimetière de Dannemarie, et de plus, les autels dans le chœur ainsi que l'autel au milieu de l'église. Il accordait une indulgence de 40 jours aux fidèles qui prieraient dans cette église[2].

En 1451, dans l'octave de la Pentecôte, Nicolas assiste au sacre du nouveau prince-évêque Arnold de Rotberg, avec les évêques de Constance, de Strasbourg et de Worms[3].

Il continua à fonctionner sous cet évêque. La veille de la Toussaint 1457, il manifeste le plus vif intérêt à la reconstruction de l'église des Augustins, qui menace ruine, à Mulhouse, et dans ce but, il accorde aux fidèles qui y contribueront par leurs aumônes 40 jours d'indulgence pour les péchés mortels dont on s'est confessé avec la contrition requise, et 100 jours d'indulgence pour les fautes vénielles. « La semence de l'aumône, dit-il dans ce document daté de Bâle, produit des fruits d'autant plus abondants, lorsqu'elle se fait pour augmenter la religion en restaurant les saints lieux »[4].

C'est à la demande de ce pieux prélat que l'évêque Arnold de Rotberg transféra ailleurs les foires de la

1. Ein Barfüsser. (*Chron. Thann.*, I, 587).
2. Archives paroissiales de Dannemarie. « Il y avait là un cimetière fortifié ». (Note de M. Eug. Hans).
3. *Basil. sacra*, 322.
4. Original en parchemin, avec sceau, aux archives de Mulhouse, fonds des Augustins, cart. I, 307.

Nativité et de la Dédicace qui se tenaient devant la cathédrale de Bâle et troublaient les offices divins[1].

XIV.

Nicolas de Frise, *évêque de Tripoli*, 1470, 1493.

Après Nicolas Aman, un second Nicolas, dit « de Frisien », son pays d'origine, est suffragant de l'évêché de Bâle. Nicolas de Frise était de la maison des Ermites Augustins de Bâle[2], théologien instruit et prédicateur distingué, lorsqu'il fut désigné comme suffragant par l'éminent évêque Jean de Venningen. On sait que le prince de Venningen était aussi ami de la science que sage et habile en administration. Créateur de l'Université de Bâle dès la seconde année de son épiscopat (1479), il fut le libérateur de Porrentruy et de l'Ajoie, et le restaurateur de son évêché.

Nicolas de Frise fut son bras droit pour l'administration spirituelle du diocèse.

En 1470, il accompagne Jean de Venningen à Kientzheim, où il consacre, sous ses yeux, la nouvelle église de Sainte-Régule que venait d'élever l'abbé de Lucelle, Jean dit Stantenat, d'Uffholtz. Cette église, vendue en 1291 par l'abbaye de Sainte-Régule de Zurich à l'abbaye de Lucelle, avait été annexé à ce monastère quatre ans après par l'évêque Pierre Reich de Reichenstein[3].

En outre, après l'incendie de l'église de Sigolsheim, en 1466, on y avait transféré une statue de la Sainte Vierge qui versait des larmes, ce qui attira à Kientzheim une foule de pèlerins telle que l'église de Sainte-Régule dut être agrandie[4].

1. N. Gerung, p. 347.
2. Vautrey, *Evêques de Bâle*, II, 56.
3. Trouillat, *Monuments*, V, 90.
4. B. Buchinger, *Mirakelbuch von Kientzheim*. Idem, *Fastorum Lucell. Nikolaus III Amberg.*

Ce qui lui valut la nouvelle consécration qui en fut faite le dimanche après Pâques de l'année 1470. Elle fut alors dédiée à la Très Sainte Vierge Marie et à saint Jean l'Evangéliste, dont la statue en pleurs avait été de même apportée de Sigolsheim.

A cette cérémonie, ajoute l'historien Buchinger, abbé de Lucelle, assistaient, avec l'évêque de Bâle, le comte de Lupfen et sa famille ainsi que beaucoup d'autres notabilités ecclésiastiques et laïques. Elle se termina par des indulgences accordées par chacun des deux évêques.

Une autre cérémonie accomplie et présidée cette fois par le suffragant Nicolas Frisius, ce fut en 1479, le jour de la Pentecôte, dans la cathédrale de Bâle, le sacre du successeur de Jean de Venningen, Caspar Ze Rhein, de Mulhouse, custode du Haut Chapitre et prévôt de la Collégiale de-Saint-Ursanne. Neveu du prince-évêque Frédéric Ze Rhein, il valait mieux que son oncle. Le sacre eut lieu avec l'assistance des abbés de Saint-Blaise et de Lucelle, et des vicaires généraux de Strasbourg et de Constance, Jean Ostwein et David Zender [1].

En 1480, à la fête de saint Barthélemy, l'évêque de Tripoli accorde une indulgence de 100 jours pour les fautes vénielles et de 40 jours pour les péchés graves aux fidèles qui, après s'être confessés, visiteront aux fêtes de la Sainte Vierge ou embelliront la chapelle de la Sainte Vierge près de l'hôpital d'Altkirch [2]. Mêmes indulgences pour la visite de la chapelle qu'il vient de consacrer entre la ville d'Altkirch et Saint-Morand [3].

Peu de temps après, le suffragant Nicolas rédige les Statuts de la *Cour épiscopale* par lesquels sont nette-

1. *Basilea sacra*, 339-340. — *Chron. Thann.*, I, 649. L'abbé de Lucelle était alors Louis Jäger, de Bregenz, professeur de la sainte théologie. (Mülinen, I, 191).

2. Archives de la ville d'Altkirch, cart. II, 26.

3. Id., cart. 26, 1.

ment définies les attributions de chaque officier de la Cour. (Voir le résumé de ces Statuts dans l'*Histoire des Évêques de Bâle*, II, 39-41).

Nicolas Frisius remplissait encore ses fonctions de suffragant en juin 1493. Le dimanche après la fête de saint Jean-Baptiste, il consacrait à Delémont la chapelle de l'hôpital (hospice) reconstruite après l'incendie de 1486. Il en dédiait l'autel à la Sainte Vierge Marie, à saint Antoine, à saint Etienne et à plusieurs autres martyrs. Indulgence de quarante jours pour ceux qui y prieront en y faisant quelque aumône le Jeudi-Saint, le Vendredi-Saint et le jour de la Fête-Dieu [1].

XV.

Conrad Wickgram, *évêque de Duna* (Dunensis), 1496.

« Conrad Wickgram, né à Turckheim, fut suffragant de Bâle et de Strasbourg. Il voulut être enterré dans sa ville natale, et fut inhumé dans la chapelle de Sainte-Barbe, qu'il avait fondée. Sa pierre tumulaire existe encore ».

Ainsi s'exprime Baquol dans son Dictionnaire d'Alsace [2]. Le même auteur ajoute :

« Le frère de Conrad, Pierre Wickgram, docteur en théologie, succéda à Geiler [3] dans la chaire de Strasbourg. Il mourut curé d'Ensisheim et fonda à perpétuité un anniversaire à Turckheim pour le repos de son âme ».

Hunckler, dans son Histoire de Colmar, fait aussi mention de ce suffragant [4].

L'évêque de Duna appartenait sans doute, lui aussi, à un ordre religieux. C'était pour l'évêque de Bâle

1. Trouillat, *Documents*, V, 904.
2. Baquol, *Dict. d'Alsace*, p. 560.
3. Mort en 1510.
4. *Geschichte von Colmar*, p. 106.

un moyen de diminuer ou même d'éviter les frais considérables des bulles de confirmation et de la cérémonie du sacre épiscopal d'un suffragant. C'est d'ailleurs dans les monastères principalement qu'il fallait alors chercher la science théologique et la vraie et solide piété.

Le suffragant Wickgram fit preuve de l'une et de l'autre en assistant, en 1496, au synode diocésain présidé par l'évêque de Bâle Caspar Ze Rhein, et qui se tenait chaque année dans la cathédrale, conformément aux statuts du diocèse[1].

XVI.

Tilmann Limberger, 1498 (3 déc.) — 1525 (1er nov.).

Le 1er octobre 1498, l'évêque de Bâle, Caspar ze Rhein signait et scellait de son sceau l'engagement exprès, « sur sa foi de prélat », de servir chaque année à son vicaire *in pontificalibus* Tilmann Limperger, une pension (traitement) de 200 florins du Rhin, garantie par tous les revenus de l'évêché.

En même temps, le Haut Chapitre déclarait assumer le même engagement, que souscrivaient ses dignitaires, savoir : le prévôt Hartmann de Hallwyl, le doyen Adalbert de Ratberg, le custode Christophe d'Uttenheim, docteur ès décrets, et l'écolâtre Jean de Hatstatt.

Ce document est muni des sceaux appendus de l'évêque et du chapitre. Ce dernier, ovale et pointu, représente la Vierge, assise tenant sur ses genoux l'Enfant Jésus, avec ces mots en exergue : *Sigillum Sanctæ Mariæ Basilensis Ecclesiæ*. Il est contre-signé par *Jodocus Keller, cancellarius*[2].

1. VAUTREY, *Hist. des Evêques de Bâle*, 50-51.
2. Archives de l'Evêché de Bâle, Kasse *Suffraganei*.

Un second document, émanant de Rome, et portant la date des nones de décembre de la même année (3 déc. 1498), revêtu du même sceau du Saint-Siège (têtes des apôtres saint Pierre et saint Paul, et au revers du plomb, ces mots : *Alexander Papa VI*) nous apprend que le saint-père, de son côté, assigne à Tilmann Limberger « les 200 florins en question, et qu'il le nomme évêque de Tripoli » [1].

Ces deux documents sont suivis du compte, longuement détaillé, de ce que doit à la chancellerie romaine le nouveau suffragant de Bâle pour l'expédition de ses bulles. Le total se montait à 218 ducats d'or de Candie.

Qui était ce nouveau suffragant, le quatrième qui recevait le titre d'évêque de Tripoli *in p. inf.*?

Il était, disent nos archives, professeur d'Ecriture sainte et prieur provincial de la province du Rhin et de la Souabe, de l'ordre des frères Ermites de Saint-Augustin. Et nos archives ajoutent « que l'évêque de Strasbourg, du nom de Guillaume, le demanda aussi pour son suffragant » [2].

Docteur en Ecriture sainte, il enseignait cette branche importante à la jeune université de Bâle [3], lorsqu'il fut appelé par Caspar ze Rhein aux fonctions et à la dignité de suffragant de l'évêché.

Il était en même temps provincial de son ordre pour le Rhin et la Souabe, et résidait [4] comme tel dans le monastère des Ermites de Saint-Augustin qui, venus de Mulhouse en 1276, l'avaient construit

1. Archives de l'Evêché de Bâle, liasse *Suffragand*.

2. Tilmannus Amperg (sic), episcopus Tripolitanus, Sacræ paginæ professor, et prior provincialis provinciæ Rheni et Sueviæ, ordinis fratrum eremitarum Sti Augustini, quem etiam episcopus Argentinensis nomine Wilhelmus in suum habere suffraganeum petiit. (Archives de l'Evêché de Bâle).

3. Fondée en 1459 par Pie II.

4. Bien que le siège de cette province fut Wurzbourg. (Mülinen, *Helvetia sacra*, II, 5).

sur la rive gauche du Rhin, à proximité de la cathédrale[1].

Les fonctions qu'avait à remplir le suffragant, sont précisées dans l'ordre suivant par l'évêque Christophe d'Utenheim, qui avait succédé, en 1503, à Caspar ze Rhein :

1. Chaque année consacrer les saintes huiles le jeudi saint, dans la cathédrale.

2. Conférer les saints ordres aux époques déterminées par le droit canonique.

3. Bénir solennellement les abbés et abbesses de l'évêché à leur avènement.

4. Donner la confirmation avec les indulgences concédées.

5. Réconcilier les pécheurs publics.

6. Consacrer les nouvelles églises.

7. Réconcilier les églises qui en ont besoin.

8. Item les cimetières.

9. Assister de ses conseils, quand il en est requis, l'évêque du diocèse.

« Fonctions, est-il ajouté, pour lesquelles il sera donné au suffragant Tilmann une pension annuelle de 24 florins, savoir 6 florins à tous les Quatre-Temps, le florin valant 1 livre et 3 sols de monnaie bâloise »[2].

Une de ces fonctions pontificales qu'eut à remplir, en 1503 (24 août), le suffragant Tilmann, ce fut la consécration de la nouvelle collégiale de Moutier-Grandval, reconstruite avec ses douze autels, sur les ruines de l'ancienne église incendiée, en 1499[3] par une bande d'Impériaux aux ordres de l'officier Bernard ze Rhein.

1. Aujourd'hui galerie de tableaux et musée d'histoire naturelle. (Mülinen, loc. cit.).
2. Archives de l'Evêché, liasse citée.
3. Le 4 juillet, 18 jours avant la bataille de Dornach, qui fut suivie de la paix de Bâle, puis de l'entrée de Bâle, comme canton, dans la Confédération suisse.

Vers la même époque, l'évêque de Tripoli réconciliait à Saint-Ursanne la chapelle de la grotte et y consacrait un autel, « où, dit-il dans le procès-verbal de cette réconciliation, nous avons renfermé de nos mains les reliques de bon nombre de saints » [1].

Nous voyons le suffragant Tilmann assister l'année suivante, dans la cathédrale de Bâle, au sacre solennel du prince-évêque Christophe d'Uttenheim (28 mai 1504). L'histoire ne nous dit pas s'il fut lui-même l'évêque consécrateur.

Le 14 octobre précédent, Tilmann assistait au synode diocésain, réuni à Bâle par l'évêque élu d'Uttenheim, pour la promulgation de nouveaux statuts du diocèse. Ces statuts, en 33 chapitres, à la rédaction desquels n'avait pas été étranger le docte suffragant, étaient de la plus haute sagesse, et si le clergé, tant régulier que séculier, s'était montré fidèle à les observer, on peut supposer que Bâle serait encore catholique. *Omne malum ex sanctuario.*

En 1505, 8 septembre, l'évêque de Tripoli se trouvait de nouveau à Moutier-Grandval. Il accompagnait, avec les prélats des abbayes de Beinwyl, Lucelle et Bellelay, l'évêque de Bâle présidant la cérémonie imposante de la translation des reliques des saints martyrs Germain et Randoald, dont le tombeau venait d'être ouvert solennellement par Christophe d'Uttenheim, muni de pleins pouvoirs à ce sujet par le cardinal Raymond, légat de Jules II, lors de son passage à Bâle l'année précédente.

Le 3 septembre 1509, notre suffragant consacre à Marbach, au milieu d'un grand concours de peuple, une chapelle nouvellement reconstruite et dédiée à saint Augustin [2].

1. Archives paroissiales de Saint-Ursanne. Notice sur l'ermitage et sa chapelle.
2. Archives du Haut-Rhin, minute du procès-verbal.

En 1510, le 23 août, c'est un nouvel autel que consacre le suffragant Tilmann dans le « lectionnaire » de l'église de Dannemarie, en l'honneur de saint Michel et de tous les anges, comme aussi des saints Léonard, Valentin, Erasme et Apollinaire. Le même jour, au milieu d'une grande affluence, il réconcilie l'église, l'ossuaire et le cimetière de cette paroisse. Il bénit ensuite solennellement une image (ou statue) dite « du soir », *vespertina*, de la sainte Vierge placée dans une niche en pierre, en dehors et au côté oriental du chœur. Il bénit de même l'image (ou statue) de saint Erasme, placée dans une niche au côté nord de l'église. Il accorde 40 jours d'indulgence à ceux qui visitent cette église, et consigne le tout dans un procès-verbal qu'il écrit de sa main, et que l'on conserve aux archives paroissiales de Dannemarie [1].

En 1512, c'est à Wattwiller que nous voyons le suffragant, le 9 mai, consacrer un autel dans la chapelle de Sainte-Marguerite, fondée par Morand de Wattwiller et son épouse Apollonie, née de Wittingen, dans l'abside méridionale de l'église de Wattwiller. Indulgence de 40 jours à ceux qui prieront dans cette chapelle.

Le lendemain, il consacre la nouvelle chapelle de Saint-Sébastien près de Wattwiller, sur la route de Soultz. Même indulgence que ci-dessus [2].

Une autre consécration, à laquelle assiste Tilmann avec le suffragant de Strasbourg, Conrad Wickgram, fut celle du nouveau suffragant de Spire, Antoine Engelbrecht, ancien chapelain de la cathédrale de Bâle. Elle eut lieu dans la même cathédrale, le 10 juin 1520, et Christophe d'Uttenheim fut l'évêque consécrateur [3].

Ce fut la dernière cérémonie de ce genre qui eut lieu dans la cathédrale de Bâle sous le règne de Chris-

1. Communication de M. l'abbé Eug. Hans, curé de Bergheim.
2. Idem.
3. TROUILLAT, *Monuments*, V, 516-517.

tophe d'Uttenheim. Le suffragant n'eut pas à assister au sacre du coadjuteur nommé par le chapitre le 12 janvier 1519. L'élu, Nicolas de Diesbach, devant la résistance des vassaux de l'Evêché relevant de l'Empire germanique, ne put arriver jusqu'au sacre. Aussi le 21 février 1527, dut-il abdiquer sa charge et ses nombreux bénéfices pour se retirer à Besançon, où il mourut en 1550.

Cette résistance des vassaux de l'Empire à l'avènement d'un prince-évêque suisse et bernois, n'était d'ailleurs que le contre-coup d'une résistance bien autrement grave, non plus au prince, cette fois, mais à l'évêque catholique.

Le protestantisme, en effet, prêché à Bâle dès l'année 1521 par le curé de Saint-Alban, Guillaume Räublin, auquel le Magistrat de cette ville, encore catholique, fit prendre le large, n'en allait pas moins de progrès en progrès, grâce à la parole ardente d'Œcolampade et de ses émules, les cordeliers Lüthard et Pellican, l'augustin Geirfalk et tant d'autres, contre lesquels luttaient avec plus d'éloquence que de succès des savants catholiques tels que le docteur Louis Bär, prévôt de Saint-Pierre, et le suffragant Tilmann lui-même, depuis de longues années prédicateur de la cathédrale.

Les doctrines du nouvel évangile avaient pour elles la populace avec un certain nombre de chanoines réguliers et de moines ignorants, qui trouvaient trop lourd le joug de leurs vœux. En vain, le sénat de Bâle voulut-il, au commencement, arrêter le torrent. Il en fut lui-même submergé.

Et le pieux évêque d'Uttenheim, avec son Haut Chapitre demeuré fidèle à la fois catholique, eut la douleur de voir passer à l'hérésie, avec armes et bagages, jusqu'à son vieux suffragant, le malheureux Limberger.

Celui-ci, entraîné par la contagion de l'exemple de ses frères en religion, les Ermites-Augustins de Bâle, qui tous jetèrent le froc aux orties pour prendre des femmes[1], entraînés qu'ils étaient eux-mêmes par l'exemple de l'ermite-augustin Luther (24 juin 1525), finit par se déclarer ouvertement du haut de la chaire de la cathédrale, vers le 1er novembre de la même année[2], pour les nouvelles doctrines. Or, le 1er novembre 1525, jour de la Toussaint, Œcolampade, « pour faire la fête, disait-il, avec les saints vivants », commença à célébrer l'Eucharistie, comme dit Ruchat, avec plus de simplicité qu'auparavant[3]. Et quelques jours après (12 novembre), les curés de Saint-Alban et de Saint-Léonard en firent autant dans leurs églises. Limberger était alors vieux et caduc, d'esprit autant que de corps. C'est ce que constate le nouvel évêque de Bâle, Philippe de Gundolsheim, dans une charte munie de son sceau, par laquelle, le 14 octobre 1527, il assura, avec le consentement du Haut Chapitre, à l'ex-suffragant Tilmann, une pension annuelle de 9 livres 4 schellings, avec 6 mesures de vin, « en considération de ses services rendus à ses prédécesseurs Caspar et Christophe, ainsi qu'à lui-même et cela en égard à sa débilitation de vue et de santé[4] ».

On comprend à peine cet acte de générosité de la part de l'évêque et de son chapitre, à l'égard de l'ex-suffragant Tilmann. On serait porté à croire que deux ans après sa défection, revenu à résipiscence, il serait rentré au sein de l'Église.

Peut-être aussi aura-t-il surpris par un simulacre de repentir la bonne foi et du chapitre et de l'évêque. Mais la preuve que c'eût été là, de son côté, un acte de pure hypocrisie, c'est que nous le retrouvons, une année après (14 février 1529) le premier dimanche de Carême, dans la cathédrale, faisant le prêche réformé

1. Tous se hâtèrent de se marier. (Mülinen, *Helv. sacra*, II, 5).
2. *Circa festum Omnium Sanctorum 1525* (Fr. George Carpentarii, *Basler Chroniken*, p. 492, et *Chron. de Thann*, II, 41).
3. *Histoire de la Réformation en Suisse*, I, 253.
4. Archives de l'Evêché, liasse *Suffraganei*.

à l'heure ordinaire de l'office, où la messe était remplacée par le chant des psaumes en allemand [1].

C'est ainsi que, par sa parole et ses allures, Tilmann consacrait hautement l'œuvre de fanatisme du peuple bâlois, qui venait de livrer la cathédrale au pillage et d'y mettre en pièces autels, confessionnaux, ornements, statues et tableaux, en même temps qu'avait lieu pareille dévastation dans toutes les églises de Bâle.

XVII.

Augustin Marius, 1525.

Témoins attristés de la défection du suffragant Limberger, les membres du Haut Chapitre se hâtèrent de se réunir pour aviser aux mesures à prendre en vue d'en arrêter, disaient-ils, les déplorables effets. Ils commencèrent, dit la *Basilea sacra*, par biffer le nom de de celui qu'ils appelaient la honte du Chapitre et le privèrent de toute fonction. En même temps, ils lui substituèrent le docteur en théologie Augustin Marius, qui déjà avait rempli les fonctions de suffragant dans le diocèse de Frisingue [2].

Le nouveau suffragant, dès l'année 1525, fut chargé de la prédication dans la chaire de Notre-Dame. Le peuple et le clergé firent bon accueil à sa parole. Et dès les Quatre-Temps de l'année suivante, il conféra les saints ordres dans la même église (cathédrale), comme c'était la coutume [3].

En 1526, nous voyons le savant docteur accompagner Eckius (Jean Eck) dans la « disputation » ou discussion religieuse qui eut lieu, du 21 mai au 8 juin,

1. URSTITIUS, *Epit.*, p. 228.
2. *Basilea sacra*, 353-354. — *Chron. de Thann.*, II, 41.
3. Sua prædicatione populo multum acceptus et clero. Sub anno sequenti sacros ordines ministravit in templo eodem sub angariis, prout moris est. (*Basler Chroniken*, v. Fr. Georgio CARPENTARII, p. 402).

à Baden en Argovie. A la clôture des débats qui roulèrent principalement sur la présence réelle, sur la dévotion à la Vierge et aux Saints, sur les images et sur le purgatoire, thèses soutenus par le docteur Eckius contre Œcolampade, un des premiers à souscrire fut le suffragant de Bâle avec les quatre députés de l'évêque d'Uttenheim, et tous les députés des évêques de Constance, de Lausanne et de Coire. Le docteur Louis Bär, prévôt du chapitre de Saint-Pierre à Bâle, en fit autant, ainsi que les trois autres présidents de la « dispute », et les délégués de neuf cantons[1].

On sait que Zwingli n'osa s'aventurer à Baden, malgré les invitations pressantes des cantons catholiques et toutes les garanties de pleine sécurité qui lui furent offertes. Se dérober était plus facile et plus commode.

L'évêque de Bâle, Christophe d'Uttenheim, qui avait appelé, d'entente avec le chapitre de la cathédrale, le suffragant de Friesingen à prendre la place de Limberger, mourut le 16 mars 1527. Le custode du Haut Chapitre, Philippe de Gundelsheim, originaire de Franconie, fut élu évêque de Bâle le 28 février 1527, après Jean Rodolphe de Hallwyl, prévôt de Saint-Ursanne, qui n'eut pas le temps de se faire sacrer. Après l'intronisation solennelle du nouvel évêque à la cathédrale de Bâle, le 24 septembre de la même année, Philippe de Gundelsheim se hâta de quitter sa ville épiscopale où sa voix était méconnue, et de se réfugier « en attendant » dans son château princier de Porrentruy. Aussi bien, le 21 mai précédent, le Magistrat de Bâle avait donné l'ordre à tout prédicateur « d'apporter par écrit, ses raisons pour et contre le sacrifice de la messe ».

Le suffragant, seul contre sept partisans des nouveautés, avait d'abord décliné, par ordre de l'évêque et du Chapitre, cette mission plus ou moins délicate.

1. *Basilea sacra*, 356-357. — RUCHAT, *Hist. de la Réformation*, I, 279-287.

Cependant, fort de la justice et de sa cause, il avait fini par « donner de lui-même ses raisons par écrit en faveur de la messe, puisque le Magistrat de Bâle le voulait absolument »[1].

Mais sa voix ne fut pas écoutée et il ne resta au suffragant Augustin Marius d'autre parti à prendre qu'à porter ailleurs l'éloquence de sa parole. Il regagna sans doute le diocèse de Friesingen à la voix de son évêque Philippe, margrave du Palatinat, après avoir toutefois conféré à l'évêque de Bâle, Philippe de Gundelsheim, les ordres sacrés (sous-diaconat, diaconat et prêtrise)[2], comme aussi sans doute l'ordre épiscopal.

Au sortir de Bâle, il eut à combattre le luthéranisme à Wurzbourg où sa parole ardente eut un grand succès.

Après Marius, nous ne trouvons pas traces d'un nouveau suffragant de Bâle jusqu'à Thomas Fridolin, dont nous parlerons tout à l'heure.

Rappelons seulement qu'en 1535, « le mardi après la fête de saint Nicolas », Guillaume, évêque de Strasbourg, écrivait de Saverne « à son vénérable ami et père en Dieu, Philippe, évêque de Bâle », que le suffragant de Strasbourg étant mort, on pourrait s'entendre afin d'avoir pour les deux diocèses un seul et même suffragant. « Celui qu'a eu déjà l'évêque de Bâle s'est rendu à Wurzbourg, où il doit être encore pour combattre par la prédication les erreurs de Luther. S'il voulait accepter ce double suffraganéat, ce sera une bonne épargne, attendu qu'ayant déjà ses bulles de Rome et étant déjà sacré, il ferait éviter des frais considérables ». L'évêque de Strasbourg a d'ailleurs appris « que ce suffragant est instruit, habile, de bonne vie et de bon exemple ». L'évêque de Bâle est prié de donner une réponse favorable au porteur de la lettre[3].

1. HOTTINGER, 368. — WURSTISEN, livre VII, chap. 19.
2. *Basler Chroniken*, v. G. CARPENTARII, p. 402.
3. Archives de l'Evêché, liasse *Suffrag.* Cette lettre est une grande feuille de papier carrée avec cette signature : *Von Gottes Gnaden Wil-*

L'arrangement proposé par l'évêque de Strasbourg fut accepté par l'évêque de Bâle avec d'autant plus d'empressement que Philippe de Gundelsheim, né d'une famille pauvre, était encore appauvri singulièrement par la perte des revenus de l'évêché à Bâle et dans tous les lieux dont le protestantisme avait pris possession.

Il paraît, d'un autre côté, que le suffragant qu'avait en vue l'évêque de Strasbourg, ne put se décider à se mettre à la disposition des deux évêques, comme ils le désiraient.

Au fait, pour retrouver un suffragant des deux diocèses, il nous faut aller de 1535 à 1546, année où un humble et docte religieux de Lucelle accepte cette double mission. Ajoutons d'ailleurs qu'en face de l'effervescence du XVIe siècle, le clergé séculier se souciait assez peu des hautes dignités ecclésiastiques, et tout particulièrement de la fonction de suffragant. C'est ce que nous révèlera sans détour une lettre de l'évêque de Bâle, adressée au cardinal d'Augsbourg en 1562[1]. Dès lors, ce que le clergé séculier n'acceptait qu'à regret, il fallait bien l'offrir ou le demander au clergé régulier. C'est ainsi que nous voyons appelé au suffraganéat, en 1546, le moine de Lucelle Thomas Fridolin.

XVIII.

Thomas Fridolin, 1526.

« En l'année 1526, nous dit le chroniqueur de Thann, l'excellent homme D. Thomas Fridolin de Lucelle, de l'ordre de Citeaux, a été créé évêque de Tripoli par

helm bischow zu Strasburg und Landgraw zu Elsass. Adresse au dos: *Dem Ehrwürdigen in Gott Vater herrn Phillipp Bischow zu Basel unsern lieben herrn und freund.*

1. Voir *infra* : Le suffragant Hohenwarter.

le pape romain Paul III, et nommé suffragant de Bâle et de Strasbourg »[1].

Le nouveau suffragant fut sacré la même année. Lucelle, à cette époque, achevait de se relever des ruines que lui avait valu, en 1525, la Guerre des paysans. Pour la troisième fois en moins de trente ans, le monastère avait été livré aux flammes. Et chaque fois, le courage intrépide de l'abbé Thiébaud Hylweck, de Thann, l'avait remis sur pied. Ce pieux et savant prélat, surnommé à bon droit le second fondateur de l'abbaye, avait eu un successeur digne de lui dans la personne de Henri Sapper, d'Ensisheim. Mais il n'en était plus ainsi, malheureusement, au temps de Thomas Fridolin. L'abbé, Nicolas Rosenberg, demeurait plus souvent à Bâle et à Cernay que dans son monastère de Lucelle, lequel ne tarda pas à en souffrir au double point de vue spirituel et temporel[2].

On continuait néanmoins à y cultiver la science avec la piété. Le suffragant Thomas Fridolin était maître ès-arts[3].

Nous sommes pauvres en renseignements concernant l'évêque de Tripoli dans l'exercice de ses fonctions. Une note du *Livre des statuts de Ribeauvillé* nous apprend que le dimanche 12 avril 1551, le suffragant Thomas bénissait le cimetière établi devant la Porte basse (*Niederthor*) de cette ville[4].

De son côté, l'historien de Lucelle, le savant prélat Bernardin Buchinger, nous montre, dans son *Epitome Fastorum Lucellensium*, le suffragant, non de Bâle, mais de Besançon, donnant la bénédiction solennelle au nouvel abbé de Lucelle, Rodolphe Kuchemann d'Ensisheim, en présence de l'évêque de Bâle, Melchior de Lichtenfels, de l'abbé de Bellelay, Servais Fridez, et des cus-

1. *Chron. Thann.*, II, 117.
2. B. Buchinger, *Epitome fast. Lucell.*
3. Id., ib.
4. Archives de la ville de Ribeauvillé.

todes de Moutier et de Saint-Ursanne, Jean Henri Hugué, de Délémont, et Thomas Surgant, de Thann. Or, cette cérémonie eut lieu le 5 septembre 1556. Il parait donc qu'à cette dâte le suffragant Thomas Fridolin avait cessé de vivre.

XIX.

Jean Léonard de Gundelsheim, 1558.

Neveu ou frère puiné du prince-évêque Philippe, Jean Léonard de Gundelsheim, originaire de la Franconie, était prévôt du chapitre de Saint-Ursanne[1] depuis 1540, lorsqu'il fut appelé par l'évêque de Bâle, Melchior de Lichtenfels, aux fonctions de suffragant. L'évêque Melchior n'était pas encore sacré. Il ne le fut que quatre ans après son élection.

Le suffragant Jean Léonard assista à son sacre en 1559 sous le nom d'évêque de Lydda[2], avec l'abbé de Lucelle, Nicolas Rosenberg. Le prélat consécrateur fut le coadjuteur de Constance[3].

La qualification de suffragant de Bâle, mais sans désignation de son titre épiscopal, est donné au prévôt Jean Léonard de Gundelsheim par une liste authentique des prévôts de Saint-Ursanne. Ce document renvoie à un protocole du chapitre, avec indication du folio[4], mais qui malheureusement n'existe plus ni dans les archives de Saint-Ursanne, ni dans celles de l'évêché de Bâle.

Successeur du suffragant Thomas Fridolin, le suffragant Jean Léonard ne vivait plus en 1562, puisque l'évêque Melchior de Lichtenfels venait de nommer

1. *Hist. de Saint-Ursanne*, p. 349, où l'on a oublié de le mentionner comme suffragant, du moins *élu*, sinon consacré.
2. VAUTREY, *Evêques de Bâle*.
3. TROUILLAT, *Monuments*, I, Introduction.
4. Archives paroissiales de Saint-Ursanne.

cette année-là un nouveau suffragant, ainsi que des actes authentiques vont nous l'apprendre.

Comme on ne connait aucun acte pontifical exercé par Jean Léonard de Gundelsheim, on est à se demander s'il n'eut pas le sort de son successeur, et si, comme lui, il fut seulement suffragant élu, mais sans avoir eu ses bulles pour se faire sacrer. Car si, comme nous le savons, l'oncle était pauvre, il est à croire que le neveu n'était pas riche.

XX.

Georges Hohenwarter, 1562-1565 (25 février).

Invité à se rendre au concile de Trente par le pape Pie IV, en 1562, l'évêque de Bâle, Melchior de Lichtenfels (1554-1575), écrit le 12 juillet 1562 au neveu du Pape[1], le cardinal Marc Sittich, comte de Hohenems et évêque de Constance, la lettre suivante :

« Invité par le Saint Père a paraitre avec les dignitaires de mon ordre au concile de Trente, je me vois, malgré mon désir de répondre à cet appel, retenu par de nombreux, très graves et légitimes empêchements.

« C'est pourquoi j'envoie au concile, en mon nom, en qualité de délégué et de procureur, celui qui doit vous présenter lui-même cette lettre. C'est Georges Hohenwarter[2], homme distingué par sa doctrine et sa science. Il est bachelier en théologie et suffragant élu

1. La mère du cardinal Sittich, Marie de Médicis, était la sœur du pape Pie IV. Evêque de Constance de 1561 à 1595, créé cardinal-diacre du titre des Douze Apôtres en 1561, Marc Sittich mourut à Rome en mars 1595, et reçut la sépulture dans l'église de Sainte-Marie du Transtévère. (Concil. Trident. nomina patrum. — MÜLINEN, *Helv. sacra*, I, 10).

2. Un Norbert de Hohenwart, comte d'Andechs, en Bavière, était évêque de Coire en 1079. Il mourut en 1088, près d'Augsbourg, dans le monastère de Hépach, fondé par lui et sa famille. (*Helv. sacra*, I, 12).

pour mon église. A Trente, il pourra être consacré et inaugurer ses fonctions épiscopales.

« Son concours ici est de la plus grande importance pour moi, dont il partagera les travaux, et pour tout le diocèse. C'est dans ce but que je l'ai choisi comme suffragant, pourvu qu'il puisse obtenir du souverain Pontife un titre épiscopal pour sa consécration. Cette consécration, il espère l'obtenir aisément et avec moins de frais possible à Trente des Ill^mes Pères du Concile lesquels, j'en ai l'espoir, feront preuve à cette occasion de leur bienveillance et de leur amabilité ordinaires. D'ailleurs, pour mener cette affaire à bonne fin, j'espère surtout en votre bienveillance et en votre habileté, sachant que votre autorité est d'un grand poids auprès du collège des Cardinaux, ainsi que des autres membres du Concile. Je prie et supplie donc votre bonté de s'interposer d'une manière efficace, de telle sorte que, grâce à votre intervention, mes espérances ne soient pas déçues, mais que, dans cette sainte et juste cause, les Cardinaux se montrent gracieux et bienveillants envers moi et mon procureur, tant en accordant la consécration demandée qu'en diminuant les frais. Bien que, de votre côté, vous n'ayez reçu de moi nul service qui puisse me valoir votre faveur, et qu'il n'y ait jamais eu entre nous aucun commerce familier, néanmoins j'ose m'en rapporter à votre bonté comme à votre zèle bien connu pour le bien de la religion. Et s'il arrive qu'en retour de l'éminent service que je sollicite de votre paternité, vous ayez à mettre à contribution mes soins et mon empressement, comptez sur moi comme sur l'ami le plus dévoué. Vale.

« Donné en mon château de Porrentruy, le 12 juillet 1562.

« MELCHIOR, évêque de Bâle ».

Comme nous l'apprend cette lettre, Georges Hohenwarter, « maître ès-arts libéraux et docteur en Ecriture sainte, aussi distingué par sa vertu que par sa science »[1], était bien qualifié pour représenter au concile l'évêque de Bâle, dont il était le bras droit, comme suffragant élu. Aussi, dès l'année 1561, le zélé prélat avait jeté les yeux sur lui pour l'élever à la dignité épiscopale et faire de lui son vicaire *in pontificalibus*. Il lui en écrivait le 14 janvier 1562, pour le rassurer contre les dépenses que devait lui occasionner sa promotion.

Avant le 9 mai suivant, l'évêque l'avait pourvu de la cure de Terwyler, après la mort de Corneille de Lichtenfels.

De son côté, le Haut Chapitre de Bâle, par sa lettre du 14 mai de la même année, envoyait de Fribourg à l'évêque Melchior sa pleine adhésion au choix qu'il faisait de Georges Hohenwarter comme suffragant du diocèse. Le 20 du même mois, Melchior de Lichtenfels en écrivait par un exprès à l'évêque de Côme, Jean Antoine Volpi[2], nonce du Saint-Siège « auprès des catholiques de l'Helvétie ».

« A mon grand regret, lui disait-il, je ne puis répondre à votre invitation et me rendre au concile de Trente. La situation pleine de périls, où se trouve mon diocèse, ne me permet pas de le quitter. Mais en mon lieu et place, j'y envoie Georges Hohenwarter, homme de grand savoir et de saine doctrine, auquel j'ai confié les fonctions de suffragant dans mon diocèse. Je compte sur votre influence et sur votre amitié pour le faire agréer du souverain Pontife et lui obtenir un titre épiscopal en même temps que ses bulles de confirmation et de consécration, soit gratuitement, soit avec la taxe la plus basse possible, vu l'exiguité des revenus actuels de mon évêché ».

Le 2 juin suivant, l'évêque avisait Hohenwarter de ce qu'il venait d'écrire, en sa faveur, à l'évêque de Côme.

1. Lettre de Melchior de Lichtenfels au cardinal d'Augsbourg.
2. Evêque de Côme de 1559-1588. (MÜLINEN, *Helv. sacra*, I, 6).

Le 12 juillet, nouvelle lettre à ce dernier, pour lui annoncer le prochain départ de son « procureur » pour le saint Concile. « Mon suffragant nommé, ajoutait-il, pense, avant de gagner Trente, se rendre à Padoue, pour y recevoir le titre de docteur en théologie. Veuillez dans ce but le recommander aux savants que vous connaissez dans cette université. De là, il se rendra à Trente, muni des lettres que je lui ai données pour le cardinal Borromée et pour les cardinaux de Constance et d'Augsbourg. Par leur intervention, jointe à la vôtre, Hohenwarter pourra être sacré à Trente, et cela avec le moins de frais possible, *minimo cum sumptu* ».

Nous avons vu ce que l'évêque de Bâle écrivait au neveu du pape, le cardinal de Constance. Dans sa lettre au cardinal d'Augsbourg, il disait : « Si d'une part, en ces jours très mauvais, il y a peu d'hommes savants et capables de ce ministère (de suffragant) ou qui veuillent l'accepter, d'autre part le plus grand nombre de ceux qui aspirent à cet honneur en sont détournés par les dépenses considérables qu'entrainent les consécrations solennelles qui sont en usage. Or, de mon côté, il m'est impossible de faire face à ces frais, vu l'état de pénurie où est tombé mon évêché, ravagé en grande partie et appauvri par la défection de la foi ».

Nous n'avons plus la lettre écrite au cardinal Borromée, autre neveu du pape »[1]. Elle était évidemment conçue, sinon dans les mêmes termes, du moins dans le même esprit.

Le 23 juillet 1562, le suffragant est à Zug, en route pour le concile. Le maitre-bourgeois de Lucerne lui trace son itinéraire. Le voyageur passera soit par Feldkirch, soit par la Malserheit dans les Grisons, soit par le Saint-Gotthard pour gagner l'Italie. Le lendemain, 24 juillet, le nonce écrit à l'évêque de Bâle :

1. Saint Charles Borromée, archevêque de Milan de 1560 à 1584. Il était fils du comte Gilbert Borromée et de Marguerite de Médicis, une des sœurs de Pie IV (Jean Ange de Médicis).

« Comme j'étais à Zug, Hohenwarter y est arrivé, porteur de votre lettre, qui m'a été très agréable à divers égards... J'ai le plaisir de vous annoncer que notre cardinal Borromée m'a écrit, me donnant l'assurance qu'il tâchera d'obtenir ce que vous demandez pour votre suffragant Hohenwarter auquel j'ai promis mon appui auprès des légats et de plusieurs hauts personnages. Je lui ai conseillé de se rendre immédiatement à Trente, où il pourra recevoir le doctorat. Je l'ai invité en outre à se rendre directement à Côme chez mes frères, où l'hospitalité qui lui sera donnée vous liera à moi plus intimement encore ».

Le 3 août, le suffragant était à Trente, où le concile accueillait le représentant de l'évêque de Bâle par la tenue d'une congrégation générale, « en vue, dit Sarpi dans son *Histoire du Concile*, livre VII, d'honorer l'évêque de Bâle et de protester contre le titre d'évêque de Porrentruy qu'affectait de lui donner la ville de Bâle depuis la prétendue réforme ».

A peine arrivé à Trente, le suffragant se hâtait de renvoyer à son évêque les deux chevaux qu'il lui avait prêtés pour son voyage, lesquels revenaient, écrit le prélat à son procureur, « maigres et presque misérables, *fast ellendt und mager* ».

En renvoyant les chevaux, le suffragant se plaignit de la cherté de la vie dans la cité du concile. A quoi l'évêque se hâtait de répondre : « Ne vous laissez manquer de rien. L'argent qu'il vous faudra, demandez-le de ma part à mon ami le cardinal de Constance ; il voudra bien vous l'avancer et je le rembourserai ». (Lettre du 9 septembre 1562).

Quelques jours après, 28 septembre, l'évêque de Bâle écrivit au même cardinal de Constance pour le prier d'agir activement en faveur de Hohenwarter, afin de lui obtenir du pape, avec le titre d'évêque de Tripoli ou tout autre titre, ses bulles de confirmation et de consécration, mais en ajoutant comme toujours « avec la taxe la plus faible possible ».

Le même jour, l'évêque Melchior écrivait à Hohenwarter pour l'en informer et lui annoncer en même temps l'envoi de cent florins pour payer les dépenses dont il avait transmis la note au prélat.

« Ce qu'il vous faudra de plus, disait-il, vous sera avancé par mon ami le cardinal d'Ems. Mais, dès que votre sacre aura lieu, nous chercherons les moyens de vous faire revenir au plus tôt ».

Le 18 octobre, nouvelle lettre de Melchior à son suffragant pour lui apprendre qu'il vient d'écrire de nouveau à l'évêque de Constance, le priant de presser à Rome l'expédition des bulles.

Mais cette expédition, hélas ! n'eut pas lieu, malgré toutes les démarches du pauvre évêque de Bâle et de ses puissants amis. Le docteur Hohenwarter, après avoir assisté aux quatre dernières sessions du concile et à sa clôture solennelle le 4 décembre 1563, dut s'en revenir sans la consécration épiscopale.

Il n'en eut pas moins la gloire d'apposer sa signature au bas des décrets du XIXe Concile œcuménique. Son nom figure parmi ceux des trente-neuf procureurs d'évêques ou d'abbés légitimement absents. Il est ainsi formulé : *Georgius Hohenwarter, clericus secularis, doctor theologus, suffraganeus, per episcopo Basiliensi.*

Le 28 janvier de l'année suivante, le cardinal Sittich, il est vrai, écrivit à l'évêque de Bâle, « qu'il avait le plaisir de lui annoncer qu'enfin il avait pu obtenir de son oncle, le pape Pie IV, que les bulles si longtemps attendues seraient expédiées gratis. Néanmoins il n'en fut rien.

Le 25 février suivant, le même cardinal écrivait à l'évêque de Bâle que le souverain Pontife, sur les réclamations des offices, était revenu sur sa décision, et qu'il ne pouvait accorder les dispenses des taxes qui servaient à l'entretien des Congrégations, et cela avec d'autant plus de raison que de semblables demandes lui arrivaient en grand nombre, quelques-unes même appuyées de l'autorité impériale.

La pénurie extrême du trésor de l'évêque de Bâle ne lui permettant pas d'envoyer à Rome la taxe exigée, l'affaire du sacre du suffragant demeura en suspens. Et le docteur Hohenwarter mourait à Fribourg-en-Brisgau le 17 février 1563, sans avoir pu recevoir la consécration épiscopale [1]. Aussi le doyen du Haut Chapitre de Bâle, en annonçant ce décès à l'évêque Melchior, le 7 mars suivant, et en parlant du modeste inventaire du suffragant « élu », dont l'avoir pourra tout au plus payer ses dettes, ne désigne le suffragant que par cette dénomination : « le vénérable et très savant docteur Jerg Hohenwarter ».

XXI.

Marc Tegginger (dit Zetter), évêque de Lydda

1567-1591.

Après la mort du pape Pie IV, arrivée en 1565 le 8 décembre, l'évêque de Bâle, Melchior de Lichtenfels, adressait à son successeur, saint Pie V, une humble supplique dont voici la teneur [2] :

« Très saint Père et Seigneur, comme mon église et mon diocèse de Bâle, pour des causes légitimes, graves et nombreuses, ont toujours eu, de vieille date, un suffragant et vicaire général *in pontificalibus*, je n'ai rien eu de plus à cœur, depuis que j'ai accepté la charge épiscopale, que de marcher sur les traces de mes prédécesseurs, en confiant ce ministère, avec le consentement du Saint-Siège, à quelque homme pieux et savant.

« Dans ce but, il y a plus de deux ans, j'avais désigné comme suffragant de mon église Georges Hohenwart, homme de grande science et de haute piété. Je

1. Mgr. VAUTREY, *Histoire des évêques de Bâle*, tome II, p. 111), s'est donc trompé en qualifiant Hohenwarter d'évêque de Tripoli in partibus.

2. Archives de l'Evêché de Bâle, minute sans date dans la liasse *Suffraganei*.

l'avais présenté au prédécesseur de Votre Sainteté, le très saint Père et Seigneur dans le Christ, Pie IV, de très heureuse mémoire, le suppliant humblement de daigner confirmer ledit Georges comme suffragant et évêque de Tripoli, et d'autoriser son sacre en remettant la taxe ordinaire des bulles, vu la pauvreté de mon évêché affligé de toutes manières. Ce que Sa Sainteté, par un effet de sa singulière bonté envers tous, avait déclaré à l'Eminentissime cardinal de Constance être disposée à m'accorder.

« Mais tandis que, dans cet esprit, j'attendais de jour en jour l'expédition des bulles, il est arrivé que notre très saint Père et Seigneur Pie IV, et, déjà avant Sa Sainteté, Georges Hohenwart, sont allés l'un et l'autre de vie à trépas.

« Or, pour ne pas manquer au devoir de ma charge pastorale, j'ai songé à repourvoir au plus tôt mon église d'un suffragant appelé à remplacer Georges comme évêque de Tripoli. J'ai donc désigné comme tel, du consentement et du gré de mon chapitre, Marc Tegginger, prêtre du diocèse de Constance, bachelier en théologie et maître ès arts et en philosophie, personnage aussi distingué par son érudition que par sa vertu et sa doctrine.

« En outre, je lui ai assigné une pension annuelle, sa vie durant, de deux cents florins [1].

« C'est pourquoi, comptant sur l'obligeance et la bonté singulière de Votre Sainteté, j'ai trouvé bon de nommer et, par ces lettres, de présenter humblement à Votre Sainteté ledit Marc Tegginger.

« Je supplie donc, très saint Père et Seigneur dans le Christ, très humblement et très dévotement Votre Sainteté, avec toute la révérence qui Lui est due, d'accepter, d'approuver et de confirmer la nomination et le choix que j'ai faits, et de daigner accorder à

1. Soit 250 livres de Bâle, comme porte la note des versements faits au suffragant Tegginger en 1567, 1568 et 1569. (Même liasse).

Marc Tegginger le titre d'évêque de Tripoli pour remplir les fonctions de suffragant dans mon église, comme aussi de commettre, en même temps, son sacre à un seul évêque assisté de deux abbés de monastère, et, enfin de continuer, par grâce spéciale, à Marc Tegginger la faveur accordée, il n'y a pas longtemps, au défunt Georges, de la remise de la taxe, en la remettant de même à son successeur par un effet de la très gracieuse mansuétude de Votre Sainteté et de sa charité pour les églises éprouvées par le malheur.

« En obtenant cette grâce de Votre bonté, je n'en serai que plus respectueux, et que plus attaché et dévoué au Saint-Siège apostolique, et en particulier à Votre Sainteté à laquelle je me recommande, ainsi que mon église affligée et affaiblie de nombreuses et diverses manières, en même temps que je demande au Dieu très bon et très grand, dans mes continuelles prières, qu'Il daigne conserver saine et sauve Votre Sainteté à la République chrétienne le plus longtemps possible.

« En foi de quoi j'ai fait munir de mon sceau les présentes lettres de désignation et de présentation.

« Donné en mon château de Porrentruy ».

Cette supplique eut, auprès de Pie V, un meilleur sort que les suppliques adressées à Paul IV. Plus heureux que l'élu Hohenwart, le suffragant Marc, originaire de Fribourg en Brisgau [1], put être sacré évêque, non de Tripoli, mais de Lydda, par Melchior de Lichtenfels, assisté des abbés de Lucelle et de Bellelay, et fonctionner comme suffragant dès l'année 1567 [2].

Huit ans après, le suffragant Marc accompagnait à sa dernière demeure le prince Melchior, décédé à l'âge de 58 ans, dans son château de Porrentruy, le 17 mai 1575, et enseveli dans le chœur de l'église paroissiale.

1. Archives parois. de Wattwiller, Urbaire nº 7. « Doctor Marcus, von Fryburg, suffraganeus Basil. dioc. ».

2. Première année où sa pension lui est payée. (Archives de l'Evêché).

de cette ville. Le suffragant était alors grand chanoine de la cathédrale et écolâtre du Haut Chapitre [1].

En cette qualité, il fut appelé à donner son suffrage pour l'élection d'un nouvel évêque de Bâle dans l'assemblée du Chapitre réuni à Delémont le 22 juin 1575, sous la présidence du grand prévôt Wolfgang Théodore de Reitnau, et composé entre autres du vicaire capitulaire Nicolas Rodolphe de Brünighoffen, du custode Philippe de Römerstal, du grand chantre Apollinaire Kirser et des chanoines Bernard de Ramstein, Jean Théobald de Stadion et Jacques Christophe Blarer de Wartensée.

Ce fut ce dernier, le plus jeune de tous, qui fut élu. Il avait 33 ans, et il devait pendant 33 ans occuper le siège de Bâle avec une distinction, une sagesse, un éclat et des succès qui lui valurent le surnom mérité de restaurateur de l'évêché de Bâle, au spirituel et au temporel.

Sous son administration, le suffragant Tegginger continua avec zèle ses fonctions dans le diocèse. Il n'eut qu'à se louer des procédés bienveillants du jeune évêque à son égard. D'ailleurs ils s'étaient connus à Fribourg, où Christophe Blarer avait fait de brillantes études [2]. Aussi le nouvel évêque ne voulut-il pas d'autre prélat consécrateur, lorsque, le 6 février 1577, il reçut à Delémont le sacre épiscopal. Le suffragant fut assisté, dans cet acte solennel, par l'abbé de Lucelle, Jean Kleiber d'Altkirch, et l'abbé de Bellelay, Jean Simon Feunat, de Bure [3].

Dans les courses du suffragant Marc à travers le diocèse de Bâle, signalons sa présence à Cernay, où il consacre le cimetière avec sa chapelle, puis donne la confirmation le 28 octobre 1582, au rapport de Jean Ott, curé de Wattwiller [4].

1. *Basilea sacra*, 379.
2. VAUTREY, *Evêques de Bâle*, II, 122.
3. TROUILLAT, *Monuments*, I, CXXXI.
4. Archives parois. de Wattwiller, Urbaire n° 7.

L'année précédente, l'évêque de Lydda se trouvait, avec les membres du Haut Chapitre et 200 ecclésiastiques accourus, à l'appel de leur évêque, des diverses parties du diocèse, au synode tenu à Delémont du 3 au 6 avril (1581), sous la présidence de Christophe Blarer.

A la troisième session, ce fut le suffragant Tegginger qui chanta pontificalement la messe *de Beata*.

Comme il n'avait été étranger ni à la pensée heureuse de convoquer ce synode pour y promulguer les décrets du concile de Trente, ni à la rédaction des statuts diocésains qui y furent arrêtés et publiés, le suffragant Marc fit preuve du plus grand zèle à les appliquer et à les faire observer dans tout le diocèse de Bâle.

Il eut grande satisfaction à en voir, peu de temps après, l'exacte observation dans l'abbaye de Lucelle. Il était là, le 15 mai 1583, pour bénir solennellement et installer le 35e abbé de ce monastère, Beatus Papa, de Guebwiller, dont on connait la fin tragique au prieuré de Lœwenbourg, le 14 janvier 1597[1].

Digne ami d'un vaillant prince-évêque, Marc Tegginger rivalisa de zèle avec lui pour soutenir, non seulement les intérêts spirituels, mais aussi les intérêts financiers de l'évêché de Bâle. Délégué par Christophe Blarer à Baden (Argovie) avec le doyen et un membre du Haut Chapitre, pour y défendre la cause du prince-évêque dans son grave différent avec la ville de Bâle, le suffragant fit pencher la balance du côté de la justice, et Bâle se vit condamné par le tribunal d'arbitres, composé des envoyés de cinq cantons helvétiques, à faire droit aux réclamations de Christophe Blarer, et à lui payer les 200.000 florins dûs à l'évêché par cette ville (avril 1585).

Cependant les travaux, les fatigues et les ans minaient peu à peu la santé du suffragant. Dès 1591,

1. B. Buchinger, *Epist. Fast. Lucellen.*

il était atteint d'une maladie qui devait le conduire au tombeau quelques années après. Le 5 août de cette année, le magistrat de Bergheim avisait le suffragant qu'un nouveau cimetière, entouré de murs, et qu'on allait encore embellir, venait d'être établi hors les portes de la ville, conformément à l'autorisation demandée à l'évêque de Bâle et obtenue à cet effet l'année précédente. Le magistrat priait le suffragant de venir faire la bénédiction de ce nouveau champ de repos. Le suffragant est malade, répondit la chancellerie épiscopale, il faut attendre sa guérison [1].

Trois ans après, la guérison désirée n'avait pas lieu. Car, de guerre lasse, l'évêque Blarer se vit obligé, le 27 mai 1594, de déléguer, pour cette bénédiction, le suffragant de Constance, et, à son défaut, le prévôt Rasser, d'Enschingen [2].

De 1595 à 1600, toutes les ordinations du diocèse à Porrentruy sont faites par l'évêque de Blarer, et aucune par Marc Tegginger. Il est vrai que le suffragant avait sa résidence ordinaire, non à Porrentruy, mais à Thann, où il jouissait de sa prébende dans la collégiale de cette ville. C'est là qu'il finit ses jours. En 1600, il avait fait place à son successeur, comme lui résidant à Thann, d'où le nom de « suffragants de Thann », donné à Marc Tegginger et à ce successeur.

Le suffragant Marc était un sévère observateur des décrets de la sainte Eglise. C'est ainsi que, le 24 mars 1575, le vogt de Ferrette, ayant écrit à Melchior de Lichtenfels pour lui demander des lettres dimissoriales en faveur d'un nommé Nicolas Gülwart, le prince-évêque lui fit cette réponse laconique : « Le suffragant de Bâle refuse d'admettre au sacerdoce ledit Nicolas, bien que légitimé, parce qu'il est *presbyteri filius* [3].

1. Archives de l'Evêché de Bâle, liasse Bergheim, n° 13.
2. Archives de l'Evêché. F. Haxs, *Urkunden der Pfarrei Bergheim*, p. 158.
3. Archives de l'Evêché, liasse *Suffraganei*.

XXII.

François Bär, évêque de Chrysopolis, 1600-1611.

En face de Constantinople, dont elle n'est séparée que par le Bosphore, s'élève en amphithéâtre, dans un site enchanteur, la ville de Scutari, nommée Iscudar par les Turcs. Ville de 80.000 âmes, aux jardins superbes, avec bains nombreux, bazars variés et cimetières les plus beaux de la Turquie, Scutari possède un palais où le sultan aime à faire son séjour de plaisance. Cette ville n'est autre que l'ancienne Chrysopolis de Bithynie, à peu de distance de Chalcédoine, célèbre par son concile de 451, et ruinée par les Ottomans[1].

Chrysopolis, siège autrefois d'un évêché, a donné son titre épiscopal à trois suffragants de l'évêché de Bâle. Le premier qui en fut revêtu par le Siège apostolique, est François Bär, natif de Thann, chanoine de la collégiale de cette ville, et digne neveu du maître ès-arts Louis Bär, le dernier prévôt du chapitre de Saint-Pierre à Bâle[2].

Pour être appelé aux fonctions de suffragant par un évêque tel que Chrystophe de Blarer, il fallait être éminent en talents, en science et en vertu. De là, nous pouvons juger ce qu'était le suffragant Bär.

Le *Syllabus Ordinatorum* de l'évêché de Bâle, commencé en 1594, nous apprend que dès l'an 1600, aux Quatre-Temps de Pentecôte, le nouveau suffragant François Bär, évêque de Chrysopolis, ordonnait huit prêtres dans la chapelle épiscopale, au château de Delémont. De ce nombre se trouvait « Diethelm Bassand, de Saint-Ursanne, qui ne devait dire sa première messe

1. DEZOBRY, *Dictionn. géog. et hist.*, art. *Chrysopolis*.
2. Louis Bär (Ludovicus Ursus), très savant théologien, ami d'Erasme, défendit le catholicisme à la dispute de Baden (1526) et se retira, à la suite du Haut Chapitre de Bâle, en 1529, à Fribourg en Brisgau, où il mourut en avril 1554. (MULINEN, *Helvetia sacra*, I, 38).

qu'après avoir prouvé par lettres authentiques qu'il était entré dans sa 25e année »[1].

Bien qu'ayant sa résidence ordinaire à Thann, où il fait toutes les ordinations de 1600 à 1607, nous voyons le suffragant Bär apparaître de temps à autre à Porrentruy. C'est ainsi qu'en 1604, le 12 novembre, le suffragant vient partager la joie de son évêque à la vue de l'édifice religieux qui complète l'établissement de son collège. Bien plus : c'est à lui que Christophe de Blarer fait l'honneur de consacrer cette charmante église, en présence du prince lui-même, du gouverneur de l'Alsace, le baron Rodolphe de Bollwiller, des députés des sept cantons catholiques de l'Helvétie alliés du prince-évêque de Bâle, et d'une foule innombrable accourue de loin à cette cérémonie[2].

Une autre église, consacrée en 1606, à l'Exaltation de la Sainte Croix, par l'évêque de Chrysopolis, fut celle de Birlingen, près Cernay, où il administra ensuite le sacrement de confirmation[3].

En même temps, de Quatre-Temps à Quatre-Temps, comme aussi le samedi *Sitientes* et à l'Exaltation de la Sainte Croix, le suffragant continuait ses ordinations à Thann. De 1600 à 1608, il n'ordonna pas moins de 197 prêtres. Tous, il est vrai, n'étaient pas du diocèse, mais il y en avait de ceux de Toul, de Besançon, de Fribourg en Brisgau, de Fribourg en Suisse, etc.

En 1608, après la mort du grand et illustre évêque qui avait ramené à la foi catholique tout le pays de Laufon et affermi dans la même foi la ville et le pays de Porrentruy, ainsi que tout le reste de son diocèse, nous voyons le suffragant Bär se réfugier avec le Haut Chapitre de Bâle, à cause de la peste qui sévissait à Delémont, dans la ville de Saint-Ursanne, pour y procéder à l'élection d'un successeur du « restaurateur » de

1. *Syllabus Ordinat.*, anno 1600.
2. *Basilea sacra*, 392-393.
3. Archives paroiss. de Wattwiller.

l'évêché. Le pro-évêque Bär eut à présider le scrutin, assisté des abbés de Lucelle et de Bellelay [1], les R[mes] prélats Christophe Birr, de Morschwiller, et Jean Simon Feunat de Bure.

L'élu du Chapitre fut le digne neveu de Christophe de Blarer, Guillaume Rinck de Baldenstein, l'ami de saint François de Sales et le fondateur de l'école des Ursulines, comme son oncle avait été l'ami de saint Charles-Borromée et de saint Pierre Canisius et le fondateur du collège qui était en bonne voie de prospérité sous l'habile direction des Jésuites.

Le zèle du nouvel évêque permit au suffragant Bär de respirer. En 1609 et 1610, c'est Guillaume de Rinck qui fait à Porrentruy toutes les ordinations. Cependant, en 1611, elles reviennent au suffragant Bär, qui en continue la série à Thann.

Mais ses forces allaient en déclinant. Le jeudi saint, 30 mars 1611, le suffragant Bär, excellent prédicateur, avait encore prononcé une magnifique oraison funèbre sur ce thème : *Homo natus de muliere*. (Job. 12) à l'occasion de l'inhumation dans l'église Saint-Théobald à Thann, de maître Nicolas Trumber, curé de cette ville pendant douze ans, ensuite custode de la Collégiale [2].

Puis, le 7 juillet suivant, invité par le P. Gardien de Thann, à venir, comme les autres années, célébrer dans l'église des Pères la fête de la Dédicace, le dimanche 29 du même mois, le suffragant avait répondu qu'il le ferait avec plaisir. Il était alors à Isenheim.

Tout était prêt, le 29 juillet, à Thann, pour le recevoir. Une foule de seigneurs et de gens du peuple était accourue pour assister à l'office pontifical et participer aux indulgences de ce jour, lorsque d'Isenheim arrive un conventuel annonçant que le suffragant, gravement malade, ne pourrait venir.

1. *Basilea sacra*, 395.
2. *Chronique de Thann*, II, 337.

Maladie grave, en effet, puisque le 17 septembre suivant, l'évêque de Chrysopolis y succombait.

Il mourut à Isenheim, dans la « Receptorey », dont il avait l'administration [1].

XXIII.

Jean-Bernard d'Angeloch, 1613-1646.

Au nord est à trois lieues de Constance, la cité célèbre par son lac et son concile (1418), se déploie la charmante ville d'Ueberlingen, ancienne ville impériale, qui se mire dans les flots à la fois limpides et verdâtres du lac auquel elle donne son nom.

C'est là que naissait et qu'était baptisé, le 21 octobre 1586, Jean Bernard, noble fils des époux Georges d'Angeloch, de l'ordre sénatorial, et Barbe Bodmer [2]. Deux ans auparavant, ils avaient fait bénir solennellement leur mariage à Baden en Argovie par le curé Pierre Emberger. Baden, où Georges d'Angeloch était sénateur, était son lieu d'origine. Il ne tarda pas à y retourner avec son épouse et son fils, peu de temps après la naissance de ce dernier. C'est dans cette ville, au sein de sa religieuse famille, que Jean Bernard passa les premières années de sa vie et reçut, sous la direction de ses parents, sa première éducation.

Sa première communion faite, son père songea, pour répondre à ses talents naissants et à ses heureuses dispositions, à le placer dans un établissement recommandable, où il pût donner carrière à son goût pour les lettres. Porrentruy venait d'être doté par le prince

1. *Chronique de Thann*, loc. cit. — Sur Bär, cfr. encore la *Zeitschrift für Geschichte des Oberrheins*, 1903, I.

2. A la même époque (1583-1595) Anna Bodmer, de Baden en Argovie, était abbesse des clarisses au monastère du Paradis près de Schaffhouse. Et Barbe Bodmer, aussi de Baden, fut abbesse du même monastère de 1597 à 1649. (Mülinen, *Helvetia sacra*, II, 220). Près de Malens (Grisons) se trouve le château de Bodmer, dans un site charmant, et, au pied du Tiefentobel, le village de Bodmer.

de Blarer d'un collége, qui, dirigé par les Pères Jésuites, ne tarda pas à jeter au loin l'état de sa renommée. Il fut décidé que le jeune d'Angeloch serait confié aux soins habiles des savants et pieux fils de saint Ignace.

Cinq années étaient consacrées aux études littéraires, y compris la rhétorique, dans ce nouveau collége[1]. De 14 à 19 ans, Jean Bernard parcourut avec distinction ce cercle d'études. Des rudiments à la rhétorique, qu'il étudia un an et demi, il alla de succès en succès[2]. Il ne se distingua pas moins par sa faveur et sa pitié. Membre de la Congrégation de la Sainte Vierge, il en fut le secrétaire et le trésorier pendant quatre ans[3].

Etait-il, pendant les cinq années et d'autres qu'il passa à Porrentruy, au nombre des douze élèves logés gratuitement par le prince de Rinck dans une maison du faubourg et entretenus à ses frais?[4] Les certificats du jeune Bernard ne nous l'apprennent point.

Ce qu'ils nous disent, c'est que l'étudiant d'Angeloch ne quitta le collège des Jésuites qu'en y laissant, avec le parfum du bon exemple, les meilleurs souvenirs. C'est le témoignage officiel qui lui sera rendu, nous le verrons bientôt, par deux de ses éminents condisciples dans l'enquête ou le procès établi pas les saints canons pour la promotion à l'épiscopat.

Le 21 août 1605, dans sa dix-neuvième année, Jean Bernard était à Constance, où il recevait dans son diocèse les ordres mineurs des mains du suffragant Jean Jacques, évêque de Sébaste et vicaire-général du prince-évêque de Constance, Jacques Fugger, seigneur de Kirchberg et de Weissenhorn[5].

1. *Basilea sacra*, p. 391.
2. *Magna cum laude.* Certificat du P. Balthasar Cherassius, préfet des études.
3. Certificat du préfet de la Congrégation, Jean Feunat et de Germain Millot, secrétaire.
4. *Basilea sacra*, p. 400.
5. Attestation signée de Jos. Christophe Heger, D. not.

Grâce aux recommandations des Pères du Collège de Porrentruy, appuyées de celle du prince-évêque de Bâle, heureux d'attacher à son diocèse et bientôt à sa personne un ecclésiastique de grand mérite, Jean Bernard n'eut pas de peine à se voir reçu membre du Collège Germanique, où il fit son entrée le 30 octobre 1605. Il y prenait la place laissée vacante par le départ du chanoine de la cathédrale de Bâle et plus tard de celle de Mayence, Jean Ulrich d'Autriche. A Rome, dans le même collège, érigé par Jules III en 1552, le jeune d'Angeloch devint le condisciple et l'ami d'un élève appartenant au diocèse de Bâle, qui était là depuis deux ans, et qui allait un jour s'asseoir sur le trône épiscopal, Jean-Henri d'Ostein, futur chanoine de Moutier-Grandval, puis chanoine théologal et vicaire-général du diocèse de Bâle.

On verra que les liens d'amitié formés sur les bancs de l'école, entre les deux futurs évêques, loin de se relâcher, ne firent que se resserrer avec les années.

Parmi les autres condisciples de Jean Bernard d'Angeloch, citons encore, également du diocèse de Bâle, Jacques Kempf d'Angreth, qui fut prévôt de la cathédrale de Passau, le baron Jean de Reinach, le comte Jean de Montjoie et Jean Feucht, qui fut curé de Fribourg en Brisgau.

De 1605 au 18 avril 1610, Jean Bernard suivit, avec autant de succès que de bonheur [1], les cours de philosophie et de théologie au Collège Germanique.

Ordonné sous-diacre dès le 13 juin 1609, samedi des Quatre-Temps de Pentecôte, dans l'église de Latran, par César Fidèle, évêque de Sologne et suffragant du cardinal Jérôme Pamphile, d'Angeloch reçut du même prélat l'ordre des diacres, le samedi 6 mars 1610 [2]. Et le 24 août de la même année, avec une dispense

1. *Cum laude*, certificat signé Fabius Fabius.
2. Certificat signé André Hornsperger, D. not.

d'âge de cinq mois, obtenue du Saint-Siège par le nonce apostolique Ladislas d'Aquin, évêque de Vénafri, d'Angeloch était ordonné prêtre à Constance par le suffragant Jean Jacques, évêque de Sébaste.

Nommé chanoine de l'insigne Collégiale de Saint-Ursanne, le jeune prêtre trouva bon d'employer, pendant deux ans, les revenus de sa prébende, comme aussi ceux de son bénéfice de St-Jean dans l'église cathédrale de Bâle, à satisfaire son goût pour les études théologiques, en les complétant avec grand succès à l'université d'Ingolstatt [1].

Après deux années de philosophie et cinq années de théologie, le jeune prêtre d'Angeloch était armé de toutes pièces pour les hautes fonctions auxquelles le destinait la Providence. Le prince-évêque de Bâle sentait de plus en plus le besoin d'un auxiliaire *in spiritualibus*. Il trouva d'Angeloch prêt et mûr pour ce poste élevé.

« Depuis près d'un an, écrivait le prince de Rinck au Nonce apostolique, le 7 octobre 1612, privé que je suis d'un vicaire *in pontificalibus*, j'ai fait choix dans ce but du vénérable et très docte Jean Bernard d'Angeloch, originaire de Baden en Suisse, candidat en théologie et étudiant du Germanique. Je me promets et j'attends de lui de bons services. Un suffragant m'est d'autant plus nécessaire que je ne jouis pas d'une assez forte santé ni d'une constitution assez robuste pour remplir par moi-même toutes les fonctions épiscopales dans mon diocèse, surtout quand il s'agit d'une visite générale, qui entraine de grandes dépenses à cause de la suite de l'évêque. » [2]

Dans cette lettre, le prince Guillaume priait le Nonce de presser le procès d'information de son élu,

1. Certificat du P. Adam Tanner, docteur en théologie et professeur à Ingolstatt. Même certificat du docteur en théologie Jean Georges Harsée, régent du Collège Saint-Georges à Ingolstatt, ajoutant que d'Angeloch faisait aussi partie là de la Congrégation de la Sainte Vierge.

2. Archives de l'ancien Evêché de Bâle, liasse Suffragants.

afin qu'il fût pourvu à Rome d'un titre épiscopal. L'affaire semblait en effet traîner en longueur. Car déjà, le 15 janvier 1612, l'auditeur du Nonce apostolique, Michel Ange, écrivait de Lugano à l'évêque de Bâle, qu'il était prêt à commencer le procès de l'élu, mais qu'il fallait auparavant lui assurer la mense nécessaire à son entretien. Or, dès le 20 mai suivant, le pape, agréant les offres de l'évêque de Bâle à cet égard, assignait à J. B. d'Angeloch une pension annuelle de 300 ducats d'or de la Chambre apostolique, à prendre sur la mense de l'évêque de Bâle et à percevoir chaque année, la moitié à Noël et l'autre moitié à la Nativité de saint Jean-Baptiste.

Par une seconde bulle, Paul V chargeait « ses bien-aimés fils maître Aloyse de Gall, référendaire en l'une et l'autre signature de la Cour romaine, le prévôt de l'Eglise de Saint-Ursanne et l'official de Constance, de veiller au payement régulier de cette pension de 300 ducats, sous peine de suspense et d'interdit pour l'évêque de Bâle.[1] »

En outre, par rescrit du 13 juin suivant, le pape Paul V accordait expressément au suffragant Jean Bernard toutes les dispenses nécessaires, pour qu'il continuât à jouir en sûreté, sa vie durant, tant de sa prébende de Saint-Ursanne, estimée à 24 ducats d'or de la Chambre, que de son bénéfice dans la cathédrale estimé aussi à 24 ducats d'or et n'exigeant pas la résidence.[2]

Le 15 octobre suivant, le Nonce écrit de Lugano à l'évêque de Bâle qu'il va demander à Rome l'autorisation nécessaire pour subdéléguer dans le procès à instruire. Et il ajoute : « Au reste, je suis satisfait de la noblesse de la famille d'Angeloch, des alliés de cette famille, qui me sont connus, de l'aspect du candidat et

1. Copie vidimée, le 8 octobre 1620, par le notaire apostolique Parignot, de Saint-Ursanne.

2. Copie vidimée, le 3 septembre 1622, par le notaire apostolique Simon Wagner, prêtre de Stranbing, diocèse de Ratisbonne et chapelain à la collégiale de Saint-Ursanne.

de ses mœurs, car je connais cet excellent jeune homme, revenu de Rome il n'y a pas longtemps. (Sig.) J. episc. Venafri. »

Le 3 novembre, le Nonce communique à l'évêque Guillaume une lettre du cardinal Borghèse, qui a parlé au pape du suffragant élu. Paul V envoie à l'évêque de Bâle, avec son autorisation, l'assurance de sa paternelle dilection et de son affection toute spéciale.

« Pour l'enquête à faire, écrit encore le Nonce le 3 décembre, je pense subdéléguer le docte Georges Hänli, docteur en théologie et doyen de la cathédrale, homme de grand mérite, que j'ai toujours fort estimé à cause de l'excellence de sa vertu. » Toutefois si l'évêque a d'autres vues, le Nonce y acquiescera volontiers. Et puisque la visite *ad limina* va être confiée au suffragant, un retard « de quelques jours ou de quelques heures » ne peut nuire à cette visite.

Le Nonce termine sa lettre par ce compliment à l'évêque : « *Valeat universæ Germaniæ lumen episcoporum !* »

De son côté, le Haut Chapitre de Bâle envoie de Fribourg son consentement plein et entier à la nomination du suffragant d'Angeloch et à la pension qui lui est faite. Le Chapitre est aussi d'accord que le bénéfice de Hegenheim lui soit conféré. A la même occasion, le Chapitre recommande à l'évêque le jeune Iodoc, fils du syndic du Chapitre, Jean Schütz, docteur en droit, et prie Son Altesse d'obtenir à ce jeune étudiant en théologie une place au Collège germanique.

L'autorisation attendue de Rome étant arrivée, le Nonce écrit au docteur Georges Hänli, le 18 janvier 1613, qu'il le charge de l'enquête, tout en lui envoyant quelques notes, « afin que l'enquête soit plutôt trop complète que trop peu. »

Mais il faut un secrétaire au directeur de l'enquête. Son Altesse désigna pour cette fonction le notaire apostolique, Pierre Gorre, de Neuchâtel sur le lac, demeurant à Altkirch, qui répond à l'évêque : « Je veux obéir en ceci comme en tout le reste. Seulement, je demanderai si on me donnera, pour le voyage à faire à Fribourg-en-Brisgau, un cheval de la Cour, ou si je dois en louer un à Altkirch, ce qui est assez difficile. »

Enfin, le 21 février 1613, le notaire Gorre annonce au prince de Rinck que l'information vient d'avoir lieu à Fribourg, mais qu'il a trouvé bon, pour éviter les frais d'auberge occasionnés par les gens et les chevaux de Son Altesse, de revenir, de l'aveu du commissaire papal Hänli, achever à Altkirch la rédaction de son rapport sur les notes qu'il a recueillies dans le cours des six témoins appelés.

Les six témoins requis à déposer, le 12 février, sous la foi du serment, chacun d'eux pris en particulier, pour ou contre le suffragant élu, furent les suivants :

1. Jean-Henri d'Ostein, « de noble et antique race », chanoine de la cathédrale de Bâle et vicaire-général *in spiritualibus*, prêtre, âgé de 33 ans, qui a souvent, depuis quatre mois, conversé avec l'élu à la cour de l'évêque de Bâle.

2. Le P. Ange, de Milan, gardien des Capucins à Fribourg-en-Brisgau, âgé de 52 ans. Depuis cinq ans il connait l'élu, il l'a vu au Germanique et à Lucerne. Il connait aussi ses parents, qui sont de bons catholiques.

3. Le P. Raphaël, de Marchdorf, diocèse de Constance, prêtre, capucin à Fribourg-en-Brisgau, 36 ans. Il connait le suffragant depuis trois ans, et il a passé avec lui de trois à quatre mois à Baden « *ejus patria* ».

4. J. Wolfgang-Christophe Schenck de Castell, sous-diacre, chanoine de la cathédrale de Bâle, 25 ans.

Il a eu pour cor lisciple, au collège de Porrentruy, le nouveau suffragant pendant trois ans, il y a de cela neuf ans.

5. Le P. Chérubin, de Zug, capucin à Fribourg-en-Brisgau, 37 ans.

6. Jean-Georges Widenkeller, de Fribourg-en-Brisgau, conseiller et secrétaire de l'évêque Guillaume de Rinck,

28 ans. Il a étudié avec l'élu chez les Jésuites, à Porrentruy, environ trois ans.

Tous ces témoins s'accordent à rendre le meilleur témoignage aux parents de Jean-Bernard d'Angeloch, à ses mœurs, à sa réputation, à ses études, à ses talents, à la pureté de sa foi et de sa vie, à son zèle contre l'hérésie et à son aptitude réelle pour les fonctions auxquelles il est appelé.[1]

Le grave et long questionnaire, envoyé, comme nous l'avons dit, par le Nonce apostolique à son subdélégué, le haut doyen Hänti, nous montre une fois de plus avec quelle prudence, et nous explique avec quelle sage lenteur le Saint-Siège procède à l'examen sérieux d'un candidat à l'épiscopat.

L'enquête ou procès d'information se termina le 12 février 1613, par la profession de foi établie par Pie IV, en 1564, qu'émit solennellement le suffragant élu, et dont tout le monde connait la teneur[2]. Le procès-verbal

1. Voici les dix-sept questions, auxquelles ils eurent à répondre :

1° Ante omnia interrogentur testes de consanguinitate, affinitate, amicitia, nimia familiaritate odiove (eorum) cum electo.

2° A quo tempore citra testis noverit ipsum D. Electum, ubi et an diu cum eo conversatus fuerit.

3° An noverit parentes ejus, et quomodo, et an semper fuerint catholici.

4° An sit natus ex legitimo matrimonio.

5° Cujus ætatis sit.

6° An sacris ordinibus initiatus sit, et a quo tempore citra.

7° Quanto tempore in functionibus ecclesiasticis conversatus fuerit.

8° An semper in puritate fidei catholicæ apostolicæ romanæ permanserit.

9° An aliqua scandalosa et mali exempli de ipso unquam revelata sint.

10° An in rebus gerendis versatus sit, et in quibus et quo usu.

11° Cujus famæ et opinionis sit apud viros probos et in populo.

12° Quo in loco, quantum tempus et quibus præceptoribus studuerit.

13° An doctrina præditus sit sufficienti ad populum regendum.

14° Ex quibus sciat eum doctum, et in quibus actibus specimen scientiæ ostenderit.

15° An putat illum in spiritualibus et temporalibus posse dignitati sibi committendæ digne præesse atque prodesse.

16° Quod a tempore immemoriali semper moris fuerit in diœcæsi Basileensi suffraganeum alere.

17° Designatum suffraganeum modernum insectatorem esse hereticorum.

2. Voir *Concil Trid. Bulla Injuncita nobis* et ROHRBACHER, *Histoire de l'Eglise*, livre 86°.

de cette profession de foi, dressé en due forme par le notaire Gorre, porte ce qui suit :

« Le 12 février 1613, dans la maison du docteur Georges Henlin, à Fribourg-en-Brisgau, Jean-Bernard d'Angeloch, à genoux et la tête découverte, avec toute la dévotion due et possible, devant les saints Evangiles de Dieu et la main sur les divines Ecritures, a émis solennellement sa profession de foi, à teneur de la formule prescrite par Pie IV, entre les mains du doyen Henlin, délégué spécialement à cette fin par le Nonce apostolique, et cela devant les témoins à ce requis, savoir :

Louis Wölflin, d'Ensisheim, « assisius » du Chœur Bâlois, et Maître Gabriel Repner, de Fribourg B., chapelain et sacriste dudit Chœur de Bâle.

Le suffragant élu a signé, au commencement et à la fin de l'acte, sa profession de foi écrite. »[1]

Le 20 février 1613, le suffragant était en route pour la ville éternelle, où il allait, au nom de son évêque, faire la visite *ad limina*. A cette date, il recevait du consul et du Sénat de la « République de Bâle, » un certificat attestant que Jean-Bernard d'Angeloch, accompagné de Jean-Georges Weydenkeller et d'un domestique, Wilhelm Homberger, à son passage à Bâle, jouissait, ainsi que ses compagnons de voyage, d'une pleine santé, et que nulle contagion ne régnait en cette ville. Cette lettre portait, avec le sceau de la ville (la crosse), la signature du secrétaire Jean-Frédéric Rhyhinerus (ze Rhyn), D. U. J.

Même certificat (sans date), signé à Zug par le notaire public Jean Brandenberg. Même attestation encore à Altorf, en italien, (les deux premières sont en latin),

1. Le sceau du notaire Gorre, imprimé à l'encre sur la fin du procès-verbal, représente un agneau étendu sur un autel et surmonté d'un cintre, reposant sur deux colonnes ornées de fleurs. Ce cintre, en arc de triomphe, porte ces mots : *Humilitate et patientia.* Au-dessous de l'autel on lit : Sig (num), Pet. Gorre, notarii.

données par Josué Besler (ou Basler), d'Uri, secrétaire.[1]

Le lendemain, 7 mars, les voyageurs sont à Airolo et le 8 mars à Bellinzona, où ils reçoivent une dernière déclaration, dans le sens de celle de Bâle et des autres, signée Franz Padrani, commissaire.

Munis de toutes ces pièces, ils peuvent enfin franchir les frontières du Milanais, où l'on redoutait le fléau de la peste.

A Milan, il reçurent le meilleur accueil du prévôt Jules Faniano, chanoine de Côme, auquel le suffragant présente la lettre de recommandation écrite au prévôt par l'évêque de Bâle. Le prince de Rinck priait en même temps le prévôt d'aider au porteur de la lettre à obtenir à Rome un titre épiscopal.

De Milan, J. B. d'Angeloch se rend à Bologne, où il reçoit, le 15 mars, un certificat d'inscription à l'Université de cette ville. Ce certificat, délivré par Guillaume Khempsch et Christophe Manincor de Caser Freugg, est signé par le syndic Antoine Crosinus. (C'est un imprimé, mundi du grand sceau de l'Université).

Quelques jours après son arrivée à Rome, le suffragant, bien accueilli du cardinal Borghèse, auquel il est spécialement recommandé par une lettre de l'évêque de Bâle[2], a la joie de déposer entre les mains du pape Pie IV la supplique par laquelle l'évêque demande au Saint-Père un titre épiscopal pour le suffragant élu, et présenté par le cardinal Borghèse. Dans cette supplique, datée du 23 février 1613, Guillaume de Rinck fait le plus bel éloge de son candidat, en résumant ce qui a été dit de lui dans l'enquête.[3] Il rappelle au Saint-Père le besoin qu'il a d'un vicaire *in pontificalibus*, depuis une année et demie que son suffragant est décédé.

1. Sceau du canton imprimé, et un second en timbre sec.

2. Ainsi qu'au cardinal Verallus, et à un troisième qui n'est pas nommé dans nos archives.

3. Le procès-verbal de cette enquête avait été envoyé à l'évêque de Bâle par un exprès du notaire Gorre, dès le 21 février précédent.

« D'ailleurs, ajoute le prélat, l'évêché de Bâle a toujours eu un suffragant, comme la plupart des évêchés d'Allemagne. »

« Le candidat présenté n'a pas l'âge requis par les canons pour l'épiscopat. Mais il supplée à l'âge par l'ensemble (*congeries*) de ses vertus. Le Saint-Père voudra donc bien lui accorder une dispense d'âge. La pension annuelle, assignée à l'élu, s'élève à 400 ducats d'or, dont 300 pris sur la mense épiscopale et 100 provenant de son canonicat de Saint-Ursanne et de son bénéfice simple à la cathédrale de Bâle. »

« L'évêque voudrait faire plus encore, mais il ne le peut, à cause de la diminution considérable des revenus de son évêché. Aussi, il prie Sa Sainteté de réduire notablement les taxes des bulles. »

Il conclut en demandant au Saint-Père l'autorisation de consacrer, avec l'assistance de deux abbés, le nouveau suffragant, dès qu'il sera évêque de Chrysopolis, dans sa ville et résidence de Porrentruy. Il termina par ce pieux salut : « *Vivat S. S. Ecclesiæ meæ et mihi diutissime felix !* »

Le Pape ne fit pas de difficulté pour accorder au suffragant la dispense d'âge demandée à la fois par l'évêque de Bâle et le cardinal Borghèse. Le 17 mai 1613, Guillaume de Rinck en adressait une lettre de remercîment au cardinal, tout en le priant d'aider au suffragant, dans sa visite *ad limina*, à obtenir ce qu'il était chargé de demander au Saint-Siège au nom de l'évêque.

Trois jours après l'envoi de cette lettre, le 13 des calendes de juin, paraissait la bulle de Paul V, accordant à Jean-Bernard, évêque élu de Chrysopolis, le pouvoir, après avoir été consacré, d'exercer les fonctions pontificales dans le diocèse de Bâle à la requête et du consentement de l'évêque, ou avec sa permission. Le Saint-Père assigne de nouveau, — *motu proprio* — au suffragant, la pension qui lui est assurée, en chargeant, par un nouveau rescrit, Aloyse Gall, le prévôt de Saint-Ursanne et l'officiel de Constance, d'y veiller consciencieusement.

Le 25 mai, un bref de Paul V annonce à Jean-Bernard « que, de l'avis du Sacré Collège, il est nommé évêque de l'église de Chrysopolis, comme le diront plus in-extenso les lettres qu'il recevra. En attendant, il peut se faire sacrer par l'évêque de Bâle, assisté de deux ou trois abbés. Après quoi, le nouvel évêque pourra user de la mitre et de la crosse. »

Le Chronique de Thann nous apprend que le suffragant d'Angeloch était de retour à Saint-Ursanne dès le 13 juillet 1613.[1] Elle ajoute que le lendemain, 14 juillet, l'évêque de Chrysopolis fut sacré dans la collégiale de cette ville par l'évêque Guillaume de Rinck assisté des abbés de Lucelle et de Bellelay, les R^mes prélats Christophe Birr et David Juillerat.

Ce fut un jour de grand honneur pour le Chapitre de Saint-Ursanne, qui assistait en corps à l'élévation d'un de ses membres à l'épiscopat. Ce fut un jour de joyeuse fête pour la ville et toute la prévoté.

Quelques jours après, l'évêque suffragant inaugurait son ministère par une première tournée de confirmation. Le 27 juillet. il consacrait cinq autels à Dannemarie, où il confirmait quelques centaines de personnes.[2]

Le 16 août suivant, il signait un revers ou accusé de réception du mandement épiscopal qui l'installait officiellement en qualité de suffragant et conseiller de l'évêque de Bâle. Cette lettre épiscopale mentionne dans tous leurs détails les fonctions pontificales confiées au suffragant. Elle trace des règles sévères à observer dans les visites au point de vue des mœurs des ecclésiastiques. Pour ses voyages, le suffragant pourra se procurer et entretenir un cheval, et ses frais de course seront couverts par les « procurations » ou droits épiscopaux, qu'il aura soin de maintenir partout dans leur intégrité.

1. *Chron. Thann*, II, 319.
2. Ibid

A dater de son entrée en fonctions, l'évêque J. B. d'Angeloch fait, à quelques exceptions près, toutes les ordinations du diocèse, en commençant par celles des Quatre-Temps de septembre (1613), qu'il inscrit au syllabus des ordinations en qualité de « suffragant et vicaire-général de Mgr Guillaume *in pontificalibus*. »[1] Il en fut ainsi jusqu'à l'avènement de Jean-Henri d'Ostein, lequel, doué d'une vive et rare piété, voulut après son sacre (25 novembre 1629), remplir personnellement ce grave et doux ministère. Néanmoins, dès 1633, obligé par la guerre des Suédois de fuir sa résidence épiscopale, ce prince en chargea de nouveau son suffragant, qui ne chercha, lui, d'autre refuge que sa demeure pro-épiscopale de Saint-Ursanne. Toutefois, de 1633 à 1635, la plupart des ordinations se firent encore à Porrentruy dans la chapelle du château. Les autres eurent lieu dans la collégiale de Saint-Ursanne. Puis à partir du 20e dimanche après la Pentecôte, elles se firent, mais de moins en moins nombreuses, à Delémont, dans la chapelle épiscopale.

En 1636, c'est dans l'église du monastère de Bellelay qu'a lieu l'ordination « *Sitientes* », ne comprenant que 3 minorés, 5 sous-diacres, 7 diacres et 2 prêtres.

L'année suivante, le suffragant reparait à Delémont, où il fait trois ordinations, d'où ne sortent que 5 prêtres. Le dernier qui ait reçu le sacerdoce des mains du suffragant d'Angeloch fut M. P. Placide Grunder, bénédictin à Beinwyl (Pentecôte 1637).

Après celui-ci, nous ne trouvons plus dans les registres de l'évêché aucune ordination faite par le suffragant. Mais aussi, dans ces temps bouleversés, il n'y avait plus de sujets à ordonner. Les écoles n'existent plus. Collège et séminaire sont fermés. Plus d'études littéraires ni théologiques. Dès lors, on le comprend, plus d'ordination.

1. *Syll. ordin.*, anno 1613.

De 1636 à 1648, pendant une période de douze ans, on compte en tout une vingtaine de prêtres, et encore Soleurois la bonne moitié, ordonnés au château de Birseck, non par le suffragant, mais par Jean-Henri d'Ostein lui-même.

Vingt prêtres pour douze années! Tandis qu'avant la guerre, en une seule année (1631), quatre-vingt-cinq prêtres ont été ordonnés à Porrentruy, dont vingt-neuf, il est vrai, appartenaient au diocèse de Besançon, et quelques autres aux diocèses de Toul, de Clermont, de Lyon, d'Avignon et de Lausanne, tous, faut-il l'ajouter? soigneusement pourvus des lettres dimissoriales de leurs Ordinaires respectifs.

De 1613 à 1637, le suffragant d'Angeloch, en 105 ordinations, n'a pas ordonné moins de 525 prêtres. Quel riche épiscopat! Dans ce nombre figure un neveu du suffragant, « noble Georges d'Angeloch, de Baden, » ordonné prêtre par son oncle dans la collégiale de Saint-Ursanne, le samedi saint 1621, d'abord bénéficier à Baden, puis en 1625, chanoine de Béromünster (Lucerne), où il mourut en 1647.[1]

On trouve aussi, dans les ordinations faites par le suffragant, les noms de divers membres du Haut Chapitre de Bâle, tels que le baron Guillaume-Frédéric de Graüeneck (1623), le futur évêque de Bâle Béat-Albert de Ramstein, minoré en 1615, Jean-Georges Weydenkeller, de Fribourg-en-Brisgau (1622), comme aussi les noms d'ecclésiastiques marquants d'autres diocèses, tels que les chanoines nobles de la métropole de Besançon Denys de Valimbert, ordonné dans le chœur de la collégiale de Saint-Ursanne à Noël 1614, Jean Demougin de Granvelle (1615, samedi saint) et Louis-Baptiste de Grammont, minoré en 1616; puis en 1615 « noble et clarissime Jean-Georges Hornung, vicaire-général et official de l'évêque de Bâle André Blarer de Wartensée, bénédictin au Val-Saint-Grégoire, Wolfgang de

1. Riedweg, *Histoire de la Collégiale de Béromünster*, p. 511.

Gall, chanoine puis prévôt de Saint-Ursanne, Jean Moingenat, chanoine de la même collégiale, et auteur du « *Jonas fluctuans* », Frédéric de Sickingen, de Masevaux, Arbogast d'Andlau, de Morwyier, Hugues Frédéric de Baden, de Liel au diocèse de Constance, « noble et ingénu Jacques-Christophe Rinck de Baldenstein, » etc., etc.

Toutes ces ordinations avaient lieu le plus souvent à Porrentruy, dans la chapelle du château, rarement dans l'église des Jésuites, une seule fois dans l'église paroissiale de cette ville. Toutefois, nous trouvons de nombreuses ordinations faites dans la collégiale de Saint-Ursanne, notamment toutes celles du samedi-saint de chaque année, de 1618 à 1628. Quelques-unes ont été faites à Delémont, dans la chapelle de l'évêque. Une seule a eu lieu dans l'église des capucins de cette ville, et elle a été faite par le prince lui-même, Jean-Henri d'Ostein, (année 1633).

Le suffragant d'Angeloch, pendant les 33 ans de son épiscopat, n'a pas seulement donné des prêtres à l'Eglise de Dieu. Après avoir rendu les derniers devoirs à celui qui fut son prince, son père, son bienfaiteur et son ami pendant quinze ans, le noble et pieux évêque Guillaume Rinck de Baldenstein, décédé le 23 octobre 1628, dans sa 72me année, et inhumé dans l'église du Collège, Jean-Bernard d'Angeloch eut l'honneur de donner le sacre épiscopal à son propre évêque, Jean-Henri d'Ostein, son ancien condisciple, dont il avait favorisé l'élection au sein du Haut Chapitre.

Nous voyons, dans cette mémorable circonstance, l'évêque de Chrysopolis, accompagner, avec tout le Haut Chapitre, le nonce apostolique Cyriaque Rocci, archevêque de Patras et légat *a latere* du Pape Urbain VIII, dans la salle de la cour du prince, à Delémont, pour procéder à l'élection du successeur de Guillaume de Rinck, le lundi, 27 novembre 1628. Et l'année suivante, le 25 novembre, à Porrentruy, dans l'église du Collège, le suffragant, assisté des abbés de Lucelle et de Bellelay, procède au sacre solennel du nouveau prince évêque.[1]

Au sortir de cette imposante cérémonie le suffragant prend une part joyeuse aux brillantes fêtes qui eurent lieu à cette occasion et furent rélevées par les représentations dramatiques données par les élèves du Collège.[2]

Les confirmations faites par le zèle prélat dans tout le diocèse ne se comptent pas. Mentionnons seulement celles qu'il donna, à dates certaines, dans la collégiale de Saint-Ursanne, le 17 mai 1621 et le 21 mai 1630.[3] Il en fut de même en 1623, à Ribeauvillé, où les fabriciens de Bergheim, Nerdin et Veith Ros, durent se rendre le lendemain, pour faire voir « les registres de l'église au suffragant, qui monta avec eux à l'auberge de l'Etoile, ce qui occasionna pour la fabrique une dépense de 2 l 4 s., 6 d. »[4]

La consécration de diverses églises et de nombreux autels réclama aussi les soins actifs du suffragant.

Nous citerons, en particulier, la nouvelle église des Genevez, consacrée par lui le 24 août 1624[5]; celle des Bois, consacrée aussi par lui, le 15 août 1629.

En 1626, le 13 septembre, c'était l'église des Ursulines, que le suffragant consacrait à Porrentruy, en présence de l'évêque Guillaume, entouré d'une nombreuse assistance.[6]

Si le suffragant portait le plus religieux intérêt aux filles de Ste Ursule, appelées à Porrentruy par l'évêque Guillaume de Rinck, en 1619, il ne s'intéressa pas moins à l'établissement, dans cette ville, des Annonciades de Haguenau, lorsqu'en novembre 1633, elles vinrent y chercher un refuge contre les outrages dont les menaçaient les farouches Suédois.

1. *Syll. ordin.*, note écrite de la main et de la belle écriture du suffragant.
2. *Annales du Collège Porrentruy*, p. 32.
3. Archives paroissiales de Lamotte et d'Epauvillers.
4. E. Hans, *Urkundenbuch von Bergheim*, p. 280.
5. Saulcy, *Hist. de Bellelay*, p. 138.
6. *Annales des Ursulines de Porrentruy*.

Leur humble supplique, adressée au prince-évêque Jean-Henri d'Ostein, le 7 janvier 1634, en vue d'obtenir sa haute autorisation pour la construction d'un modeste couvent de leur ordre à Porrentruy, porte la chaleureuse recommandation du suffragant d'Angeloch, heureux de voir s'élever cette nouvelle maison religieuse dans la petite cité épiscopale. [1]

Les dernières années du prélat furent marquées par les plus rudes épreuves. Retiré à Saint-Ursanne dès le commencement de 1634, il fut le témoin attristé des déprédations et des horreurs commises par les sauvages soldats du capitaine écossais Hébron, en garnison à Saint-Ursanne. Et le 14 octobre 1635, le suffragant eut la douleur d'apprendre le massacre que venait de faire au château, pendant la nuit, la population du Doubs, de 23 de ces misérables, tandis que 12 autres accouraient au seuil de la maison du suffragant, pour implorer sa protection, et obtenaient grâce de la vie par sa persuasive intervention. [2]

L'année après, 1637, 7 janvier, le suffragant recevait avec sa plus bienveillante sympathie les Pères Jésuites, chassés de leur collège de Porrentruy par les Français, alliés des Suédois, qui les soupçonnaient d'être favorables aux Impériaux.

L'évêque de Chrysopolis accueillait, avec non moins de bienveillance, les P. Capucins, lorsqu'ils venaient de Porrentruy à Saint-Ursanne, exercer leur ministère apostolique. [3]

En même temps, de concert avec le magistrat de la ville, il s'efforçait de faire face aux difficultés de la situation et aux dépenses énormes occasionnées pour la ré-

1. *Annales des Annonciades*, p. 1.

2. *Histoire de Saint-Ursanne*, p. 402-404.

3. Les R. P. Capucins prêchaient à Saint-Ursanne les 19 fêtes ou dimanches suivants : Circoncision, Saint-Blaise, Annonciation, Rameaux, Pâques, Saint-Marc, Ascension, Pentecôte, Fête-Dieu, Scapulaire, Assomption, Nativité, Rosaire, Toussaint et Immaculée Conception. (*Archives paroissiales*).

ception et les exigences des divers officiers, commandants de la garnison.

On comprend ainsi qu'il ait pu contracter plus de 2000 louis de dettes, comme lui en faisait, sinon un crime, du moins un reproche, le chapitre de Saint-Ursanne dans une plainte adressée à ce sujet au prince-évêque dès le 27 mars 1632.[1]

Au reste, le suffragant Jean-Bernard était libéral et généreux, même au-delà des limites de ses ressources. C'est ce qui ressort d'une clause mise, en 1617, à l'approbation de son testament par l'official du diocèse. « Ce testament sera valable, était-il dit, à condition toutefois que les dernières dispositions du testateur soient approuvées par nous. » Restriction extraordinaire, contre laquelle le suffragant se récria vivement, dans une lettre au prince-évêque, comme lui étant injurieuse en le mettant hors du droit commun.[2]

Aussi bien, dès cette époque, le suffragant avait à se débattre contre ses créanciers, tels que le prince-abbé de Kempten, Jean Lachaise, qui lui réclamait le remboursement d'un prêt de 300 florins et des intérêts. Cette somme, grâce à l'intervention de son ami le secrétaire de chancellerie Jean Wollgemuth, lui fut avancée par Son Altesse, sous le cautionnement du capitaine Georges d'Angeloch, père du suffragant, et put être envoyée au prince-abbé de Kempten par l'entremise de Jean-Christophe Schenck de Castell, en octobre 1618.[3]

Si le suffragant Jean-Bernard contractait des dettes, c'est que ses revenus étaient bien modestes. En effet, sous prétexte qu'il devait se contenter de ce que lui rapportaient les deux bénéfices que nous connaissons, auxquels on en avait joint un troisième à Hegenheim, l'évêque Guillaume ne lui payait pas la pension à laquelle il s'était engagé formellement lors de son élé-

1. *Hist. de Saint-Ursanne*, p. 417.
2. Archives de l'Evêché de Bâle, liasse suffragant d'Angeloch.
3. Idem.

vation à l'épiscopat. Ce dernier, dans un voyage qu'il fit *ad limina* en 1620, s'en plaignit au pape Paul V, non sans prier S. S. d'absoudre Guillaume de Rinck des censures qu'il avait encourues pour ce fait. [1] Mais tout en passant l'éponge sur le passé, le bref de Paul V, daté du 11 juin 1620, rappelait expressément à l'évêque de Bâle les promesses qu'il avait signées et que le Saint-Siège avait acceptées. « Que si le vicaire-général Georges Hornung, ajoutait ce document, s'est autrefois contenté, comme traitement, de sa prébende à la collégiale de Moutier, il n'en peut pas être ainsi du suffragant. »

A son retour de Rome, où il avait demandé vainement l'union de la libre prébende de Moutier au vicariat d'Altkirch (bis die Transmigration wieder nach Basel geschehen kann), l'évêque de Chrysopolis conclut avec Son Altesse un accord portant que l'arriéré de sa pension annuelle lui serait payé peu à peu, et que désormais elle lui serait versée à la fin de chaque trimestre. [2])

Cet arrangement n'empêcha pas le suffragant d'adresser à Son Altesse, le 1er décembre suivant, une lettre désolante sur sa situation financière. Harcelé de divers côtés pour le remboursement de sommes assez importantes, le pauvre suffragant ne sait plus où donner de la tête. [3] Il fait cependant ce qu'il peut pour se libérer. Ainsi dans le courant de l'année, il a envoyé 1088 florins tant à Baden qu'à Lucerne. Mais voici qu'il est mis en demeure de rembourser 400 florins à Zug, à la décharge de son père, qui est caution. Faute de quoi il est menacé de voir saisir ses joyaux, son argenterie et tout son mobilier, c'est-à-dire tout son avoir.

1. Archives de l'Evêché de Bâle, liasse suffragant d'Angeloch. Parchemin signé : S. cardinal de Sainte-Suzanne.

2. Document du 18 septembre 1620, portant la signature des deux témoins : le P. Claude Sudan, recteur du collège des Jésuites et le conseiller secrétaire Jean Wollgemuth. Le P. Cl. Sudan fut, vingt ans après, l'auteur de la *Basilea sacra*.

3. «Ich bin allso genötigt, gedrengt und angefochten das ich nit weiss wo ich bin und was ich thue.»

Il supplie donc son Altesse, et la conjure à genoux — *ad genua prostratus* — de le tirer d'embarras cette fois encore, et ce sera la dernière. C'est d'ailleurs une simple avance qu'il sollicite, et que Son Altesse retiendra sur la pension de suffragant.

Guillaume de Rinck était bon prince. Il vint en aide à son suffragant, mais il ne voulut pas accéder au désir manifesté par lui d'être nommé chanoine et prévôt de Notre-Dame d'Istein. Il en écrivit même, le 27 juin 1622, au P. Bernardin Castorius, recteur du Collège germanique, le priant d'intervenir auprès du cardinal Ludovisi, pour que celui-ci fit échouer toute démarche tentée à cet égard par le suffragant auprès de Jacques de Wirdt, agent de Son Altesse à Rome.[1]

Quant à la pension annuelle due au suffragant, le prince de Rinck fut exact à la lui faire payer. Une lettre qu'il adresse, le 7 mai 1627, à son châtelain (vogt) de Saint-Ursanne, lui enjoint l'ordre d'avoir à payer à chaque Quatre-Temps 50 ff au suffragant, qui recevra les 50 autres ff de Porrentruy.[2]

Le successeur de Guillaume de Rinck, Jean Henri d'Ostein, ne se montra pas moins généreux envers le suffragant d'Angeloch. En récompense de ses bons et loyaux services, il lui donna la dime et les revenus du rectorat de Montreux[3], à condition de fournir un honnête entretien au curé de cette paroisse, qui était alors Maurice Prugat (mai 1630).

En outre, cette augmentation de ses revenus permettrait au suffragant de rembourser les 800 ff stebler, qu'il devait alors à l'évêque, comme aussi de payer la

1. Minutes aux archives de l'Evêché de Bâle.

2. Ainsi les 300 ducats d'or de la Chambre apostolique faisaient 300 livres de monnaie bâloise, soit à peu près 600 francs de notre monnaie actuelle.

3. Cette dime fut amodiée par le suffragant au receveur du prince Jean-Bastien Bennot, à Delémont. Elle rapportait, en 1631, 77 sacs de blé qui furent vendus à Belfort et à Maseraux, à raison de 4 1/2 ff le sac, 346 ff 10/3, soit 277 florins, 12. (Compte du receveur Schönner le 27 mars 1646.)

note de 275 *ꝉ* du libraire Louis König, à Bâle, pour fournitures de papier et de livres (ouvrages de droit canon).

Pour s'affranchir plus vite, le suffragant eût même voulu que le prince réunit les fonctions de vicaire général, avec la prébende libre de Moutier, à celles de suffragant, « ainsi que cela se voit, disait-il, dans le diocèse de Strasbourg. » C'est dans ce sens qu'il écrivait en juillet 1634, au chancelier et conseiller épiscopal Georges Schöttin, docteur en droit, à Porrentruy.

Les années 1635 et 1636 furent plus mauvaises encore que les précédentes pour le pauvre suffragant qui se vit dans l'impossibilité de toucher quoique ce fût des revenus de ses bénéfices. Il en était de même de sa pension. Le prince écrivait lettres sur lettres à son châtelain de Saint-Ursanne d'avoir à la payer, avec les arriérés, au suffragant, ou à la faire payer par le receveur des Franches-Montagnes. Mais les caisses étaient vides, et rien ne venait les remplir.

Il en était encore ainsi en 1638. Le 17 février, le suffragant écrivait de Saint-Ursanne à Son Altesse, « qu'il renonçait à décrire la misérable situation faite à la Prévôté et aux Franches-Montagnes par les troupes Weymariennes. Impossible d'en faire l'exposé dans ses navrants détails. Lui-même, le suffragant, se voyait dans la plus extrême misère — *in Hunggersnoth*. Il suppliait donc Son Altesse de lui faire « l'aumône » de six bichets de grains, savoir 2 de blé, 2 « de boige » ou d'orge et autant d'avoine, à prendre, s'il y en a, sur les dimes de Son Altesse dans le vallon de Saint-Imier.

« Au printemps, continuait-il, j'essaierai d'ensemencer quelques champs que j'ai loués, afin que, privé de tous mes revenus, j'aie au moins de quoi vivre — *etwas zu leben.* »

Le suffragant annonçait en même temps à Son Altesse la mort de sa vieille ménagere, Ursule Péquignot, qui laissait sa maison de Saint-Ursanne au Chapitre pour un anniversaire. Elle avait sauvé quelque chose à Montfaucon ; tout a été enlevé, ainsi que ce qui appartenait au suffragant, par les troupes Weymariennes.

Du château de Dornach, le prince d'Ostein répondit au suffragant, que, malgré sa détresse, il lui fait envoyer de Saint-Imier à Bienne, 18 quartaux (*viertel*) des grains demandés.

C'est ainsi que, déjà en 1631, le suffragant, par ordre de Son Altesse, recevait du châtelain de Saint-Ursanne. Jean-Frédéric de Schwarzach, deux muids[1] d'avoine, dont le montant devait se retenir sur la pension des Quatre-Temps, comme l'écrivait au châtelain le secrétaire de la Chambre, J.-Chr. Mahler.

De 1640 à 1645, le suffragant eut particulièrement à se plaindre des mauvais procédés du receveur du prince aux Franches-Montagnes. Le 12 octobre 1640, Jean-Henri d'Ostein donnait l'ordre à ce receveur, qui était Pierre Gentil, agissant au nom de la femme du lieutenant défunt, Claude Petitcuenot, de verser au suffragant les 100 *ff* qui lui étaient dues. Même ordre, pour 100 autres *ff*, donné au receveur de Moutier, Jean Berlincourt. Celui-ci s'empressa, dès qu'il le put, d'exécuter l'ordre du prince.

Il n'en fut pas ainsi du premier. Il y mit tant de mauvais vouloir que le suffragant se vit obligé de porter plainte au prince, contre ce receveur, qui le traitait « comme un vieux chien de chasse », et qui eût été tout heureux de le voir mourir de faim. C'était en juin 1645, et ce receveur « grossier envers tout le monde », se nommait alors Jean-Jacques Bremayler. Ordre lui fut donné par le prince de venir sur-le-champ, à Saint-Ursanne présenter en personne ses excuses au suffragant, et de lui donner pleine satisfaction, en présence du châtelain de Saint-Ursanne. En octobre de la même année, nouvel ordre donné au même receveur de descendre à Saint-Ursanne, pour régler enfin son compte avec le suffragant, « désireux de mettre ordre à ses affaires avant sa mort. » Depuis trois ans, il demandait

1. Le muid (Muth) était de 8 boisseaux, et le boisseau, mesure de Saint-Ursanne, était de 2,1 décalitres.

en vain à Bremayler ce règlement de compte. Toujours ce receveur se dérobait. Le suffragant lui avait même envoyé dans ce but sa nièce Anne-Barbe Strickerin, qui soignait alors son ménage. Le receveur s'y est refusé, malgré la présence du grand'maire Choulat, commissaire délégué par Son Altesse. Il ne fallut rien moins qu'une injonction formelle du prince, pour forcer son entêté receveur à venir enfin personnellement à Saint-Ursanne pour ce règlement de compte.

Ces chicanes contrariaient d'autant plus le pauvre suffragant qu'il était maladif. Déjà en mars 1641 il était souffrant, ce qui ne l'empêcha pas de se rendre, à la demande de Son Altesse, à Bellelay, pour y consacrer les saintes huiles le jeudi saint.

En 1645, il devait au docteur Collon, ainsi qu'il l'écrit à l'évêque, une somme de 28 florins pour visites, soins et médecines, et de plus 40 florins à Eglinger, pharmacien de Bâle.

Dans la même lettre, il suppliait Son Altesse d'agir auprès de ses créanciers, le receveur de la cour Emmanuel Schönaw, son fils Rodolphe et son frère Théobald, qui avaient saisi sa dime de Hegenheim et Buschwyler [1], pour lui laisser au moins le vin qui lui revenait de cette dime. « Ce vin, disait-il, m'est nécessaire pour remonter, si possible, ma santé délabrée par les privations que j'ai dû subir, surtout depuis 1637. J'y aurais sûrement succombé, sans les secours que j'ai reçus du nonce apostolique, comme aussi des ambassadeurs de France, Mélian et de Caumartin. De son côté, le prélat de Bellelay m'a fourni tout le vin dont j'avais besoin. »

Le prince d'Ostein accueillit favorablement l'humble requête de son suffragant. Il lui annonçait de Porrentruy, le 25 octobre, qu'un « *fueter* » de son vin de Hegenheim lui était laissé, qu'il n'avait qu'à le faire chercher.

1. Depuis douze ans, la dime de Montreux était saisie de même par le receveur de la cour. (Lettre du 23 octobre 1645 à S. A.)

La saisie que nous venons de mentionner prouve que l'évêque de Chrysopolis ne pouvait guère payer ses dettes. « Ce n'est pas ma faute, écrit-il au prince d'Ostein, mais bien celle du temps et de la guerre. Outre que les Weymariens m'ont pris tout mon avoir, en 1644, j'ai encore perdu six chevaux, dont trois m'ont été enlevés par les Bourguignons. Le commandant Ross, dit Delle, m'a pris le quatrième, et les deux autres ont péri. »

Ainsi l'injure des temps et les malheurs de la guerre avaient plus que ruiné le suffragant d'Angeloch. A la ruine financière s'était jointe la ruine de sa santé. Il n'était que dans sa 60e année, lorsqu'il succomba à la peine et que Dieu vint le tirer de misère.

Le 6 avril 1646, à 3 heures de l'après-midi, tandis qu'il assistait pieusement aux funérailles du maître-bourgeois Ursanne Billieux, dans la collégiale de Saint-Ursanne, Jean-Baptiste d'Angeloch, frappé d'apoplexie, s'affaissa dans sa stalle « subitement rappelé par Dieu de cette vallée de larmes, » ainsi que l'annonce au prince d'Ostein le coustre du chapitre, Wolfgang Michel, de Gall, qui met sous scellé les meubles du vénérable défunt. [1]

Il reçut la sépulture dans la collégiale de Saint-Ursanne après un canonicat de 34 ans et 33 ans d'épiscopat. Sa tombe a malheureusement disparu sous le marteau quelque peu vandale des niveleurs du pavé au dernier siècle.

On ne trouve pas, dans le *Liber vitæ* du Chapitre, d'anniversaire fondé par lui ni pour lui. Il était trop pauvre de son vivant, et après sa mort il ne laissait que des dettes, entre autres une somme de 2,613 florins, d'après le compte adressé par Emmanuel Schönaw, l'aîné, au secrétaire de la chambre Christopho Maler,

1. Archives de l'Evêché, liasse suffragant Jean-Bernard d'Angeloch. — *Syllab. Ordin.*, p. 150.

pour compléter l'inventaire du vénérable défunt. Cette somme restait due à l'Evêché.

Le prince avait chargé du soin de l'inventaire le custode du chapitre, Wolfgang de Gall, et le chanoine Pierre Crolat, curé de Saint-Ursanne, qui avaient à convoquer les créanciers, suivant l'ordre que leur en donnait Philippe Christophe Mahler, secrétaire de la chambre de Son Altesse.

Un héritier, le seul qui eût droit à la succession, se présenta. C'était le lieutenant Emmanuel Stricker, ou plutôt sa mère, représentée par lui, la sœur du suffragant, « dame Anna d'Angeloch, épouse (en secondes noces) d'Adam Rothunt », d'Altorf au canton d'Uri [1]. Le landammann et le conseil de ce canton écrivaient à Son Altesse, dans une lettre dont le lieutenant Stricker était porteur, pour exprimer le désir, qui leur semblait équitable, de donner à la mère Stricker le pas sur les autres créanciers de son frère, à raison de 4000 florins, constituant la part de cette dame à la succession de leur mère, Barbe Bodmerin, laquelle somme avait été employée en faveur du suffragant pour lui aider à faire face aux dépenses de sa haute position. « Son Altesse voudra bien, de la sorte, concluaient ses fidèles alliés (*dienstwillige Pundtes genossen*), récompenser ce qu'a fait le suffragant pendant la guerre, en détournant, dans plus d'une occasion, par son habileté, de plus grands malheurs prêts à fondre sur le pays » [2].

Qu'en fut-il? Nous l'ignorons, nos documents s'arrêtant-là. Tout ce qu'ils nous apprennent, c'est que le fils de l'unique héritière eut grand soin, dès son arrivée à Saint-Ursanne, d'informer le prince-évêque de Bâle que la succession n'était acceptée que sous bénéfice d'inventaire.

1. Une autre sœur du suffragant était, en 1618, Clara d'Edelstätter, (lettre de S. Altesse au suffragant).

2. Archives de l'Evêché. Lettre signée : Landammann und Landrath zu Wey, et revêtu du grand sceau de l'Etat.

Ils nous apprennent de plus que le provincial et les définiteurs des PP. Capucins de Lucerne, en exprimant à Son Altesse leurs sentiments de condoléance à l'occasion de la mort du suffragant d'Angeloch, lui proposaient pour le remplacer, le chanoine de Flaxland, du chapitre cathédral de Bâle, « recommandable autant pour la noblesse du sang que pour la science et les vertus. » Ce vœu des PP. Capucins ne devait pas se réaliser. Le successeur du suffragant d'Angeloch était désigné au choix de l'évêque, ainsi que nous le dirons, dans la personne de son vicaire général Thomas Henrici.

XXIV.

Thomas Henrici, évêque de Chrysopolis.

(1648-1660).

Deux mois s'étaient écoulés depuis la paix de Münster, qui venait enfin de mettre un terme à trente ans de guerre et de dévastations.

C'était le 11 octobre 1648. L'antique et célèbre abbaye de Muri[1] était en fête. Dès l'aube du jour, une foule immense accourait, pieuse et recueillie, au seuil de l'église des fils de saint Benoît et en remplissait les nefs.

On avait vu, la veille et l'avant-veille, arriver au monastère trois nobles personnages. C'était d'abord le nonce du pape, son légat *a latere* en Helvétie, François Buccopadutio, évêque de Castellane. C'était ensuite le prélat de Beinwyl, ou plutôt, à dater de cette même année, de Mariastein, le R^{me} abbé Fintan Kiefer, fondateur de ce second monastère. Il était accompagné de plusieurs dignitaires du Haut Chapitre de Bâle, parmi lesquels on distinguait le vicaire général de l'évêché de ce nom, l'illustre docteur Thomas Henrici, qui avait

1. Suisse, canton d'Argovie.

été, comme professeur, une des gloires de l'université de Fribourg-en-Brisgau.

C'était lui, Henrici, qui était le héros de la fête de ce jour. Nommé suffragant de l'évêché de Bâle, avec le titre d'évêque de Chrysopolis, il venait recevoir à Muri la consécration épiscopale des mains du nonce apostolique, assisté des abbés mitrés de Beinwyl et de Muri. Ce dernier, le Rme Dominique Tschudi, de Glaris, auteur d'ouvrages théologiques et historiques justement appréciés, était le digne ami de Thomas Henrici, dont il connaissait et estimait les talents, la science et les écrits.

Né vers 1596, Thomas Henrici était Luxembourgeois d'origine. Après de solides et brillantes études, il avait été reçu docteur en théologie et nommé, dès 1624, professeur de la science sacrée à l'université de Fribourg, où le dogme et la morale étaient, avec la philosophie, aux mains des PP. Jésuites.

L'herméneutique sacrée et la polémique, dite irénique, furent le vaste champ où le jeune professeur eut à déployer son activité. Il le fit avec une habileté, une ardeur, un succès, qui lui valurent de tous, collègues et étudiants, les applaudissements les plus mérités.

Les vertus et les talents de Henrici avaient été signalés de bonne heure au noble comte de Kirschberg et Weissenhorn, Jean Ernest Fugger, seigneur de Bolweil et autres lieux [1]. L'illustre comte, que nous voyons assister en qualité d'ami, ou peut-être de parent, au sacre du prince-évêque de Bâle, Jean Henri d'Ostein, en 1629 [2], avait un fils, nommé François, dont il ne voulait confier l'éducation qu'à des mains pieuses et sûres. Thomas Henrici fut appelé à cet honneur, dont il se montra digne. Il s'efforça de répandre dans l'âme du jeune comte les semences des vertus qui devaient

1. Un parent (frère?) du très noble comte Jacques Fugger, était alors le prince-évêque de Constance (1603-26).

2. *Basilea sacra*, 403.

s'y développer, et donner, en mûrissant, une abondante moisson »[1].

Ainsi s'exprime l'habile précepteur lui-même, dans la préface d'un ouvrage qu'il publia, en 1628, en faveur de son noble élève. Celui-ci venait alors d'être élevé pour la seconde fois au poste éminent de « recteur magnifique » de l'université de Fribourg, dont Thomas Henrici était vice-recteur. Titre honorifique pour l'élève, charge réelle et importante pour le précepteur.

En 1628, l'éducation de famille était achevée pour le jeune comte Fugger. Il allait, selon l'usage du temps, son cours de belles-lettres et de rhétorique achevé, préluder à ses cours de logique, de physique et de métaphysique, par un voyage long et lointain en divers pays, pour en étudier, comme dit Thomas Henrici, les mœurs et le langage.

Dans cette course périlleuse à travers le monde, le sage Mentor aurait bien voulu accompagner son jeune Télémaque. Hélas! il ne le pouvait, retenu qu'il était par ses cours à donner à l'université. Soucieux de la vertu de son élève, il ne put se résoudre à l'abandonner. Que faire? Il compose et fait imprimer à l'usage, non du dauphin, mais du jeune prince, un vade-mecum, dont la lecture quotidienne lui rappellera sans cesse les leçons du maître. Cet ouvrage, charmant in-32 imprimé à Fribourg par Théodore Meyer en 1628, et devenu rare, répond admirablement au titre qu'il porte : *Doctrine morale pour une vie bonne et heureuse.* Il se compose exclusivement de textes de saine morale, tirés des auteurs payens, et surtout de Plutarque et de Sénèque[2].

1. *Doctrinæ moralis*, Dédicace.

2. En voici le titre *in extenso*, qui remplit toute la première page : Doctrinæ moralis ad bene beateque vivendum libri quatuor, ex Ethnicorum, præsertim Senecæ et Plutarchi verbis vere christianis compositi : in gratiam et usum perillustris et generosi Domini Francisci Fuggeri, comitis in Kirchberg et Weissenhorn, etc., archiducalis universitatis Friburgensis pro tempore Rectoris magnifici, a Thoma Henrici, Luxemburgensi, SS. theologiæ D. et in eadem universitatis professore ordinario ac vice-rectori. Friburgi Brisgoiæ, typis Theodori Meyeri. MDCXXVIII.

En le mettant aux mains du jeune comte, Thomas Henrici lui dit avec une affection toute paternelle :

« Je vous donne là, afin de continuer à vous être utile, un compagnon de voyage et un moniteur, qui partout vous sera fidèle. Ce petit livre, que j'ai écrit pour vous à la dérobée, acceptez-le, lisez et relisez-le : il sera pour vous une armure spirituelle. Il vous aidera à garder l'innocence et l'honneur de la vie. C'est la meilleure préparation aux études qu'il vous reste à faire. Car enfin, ajoute le judicieux écrivain, l'autorité des philosophes payens ne messied pas dans des mains chrétiennes. Un chrétien, en effet, doit rougir de ne pas surpasser par ses mœurs les leçons du paganisme ».

Noble pensée, qui est aussi celle du doyen de l'Académie de Fribourg, le professeur Zimmermann, lequel, en donnant son approbation au livre, qu'il qualifie de *aureolus libellus*, fait à l'auteur ce gracieux compliment : « Vous donnez là, nouveau Basile, les leçons les plus salutaires à la jeunesse. Elle saura tirer de la ruche[1] des Grecs et des Latins le miel de la sagesse. Et si, dans la milice des saintes mœurs, le glaive du Verbe est pénétrant, les maximes des anciens sages serviront de flèches et de boucliers ».

On voit quel est, dans le goût de la Renaissance, l'heureuse pensée de l'auteur. Il ne veut qu'inspirer à son jeune lecteur, par une généreuse émulation avec les sages du paganisme, la lutte victorieuse contre les passions, l'horreur et la fuite de tous les vices.

C'est pourquoi Henrici divise en trois parties son livre, composé entièrement de sentences ou de traits historiques choisis dans les auteurs anciens, et particulièrement, comme nous l'avons dit, dans Sénèque et

1. Thomas Henrici portait dans ses armes une ruche semée d'abeilles avec cette devise empruntée à Virgile : *Ignavum fucos pecus a praesepibus arcent.* (Georg. IV, v. 168). Les armes de Henrici se voient au frontispice de sa *Catena biblica*.

Plutarque, pour lesquels il avoue hautement sa prédilection.

La première partie traite « des choses dont la connaissance sérieuse peut ramener au chemin de la vertu ceux qui ont fait fausse route, exciter les tièdes au bien, et donner de l'éperon à ceux mêmes qui y courent ». Le vrai bonheur, Dieu, la loi naturelle, la conscience, les peines et les châtiments, le travail et l'oisiveté, l'étude des lettres et la sagesse, forment autant de chapitres de ce premier livre.

Le second parle des vertus cardinales et des vices qui leur sont opposés.

Dans le troisième, l'auteur montre comment chacun doit réprimer et gouverner ses passions, et dans le quatrième l'usage qu'il faut faire de la bonne et de la mauvaise fortune.

Ce « Guide de voyage » en faveur du jeune Fugger fut écrit sous le toit hospitalier de son père. Car Henrici nous apprend lui-même, qu'aussi longtemps qu'il fut professeur à l'université, il avait chez le comte chambre et couvert [1].

A peine le jeune comte fut-il parti pour son voyage, que le vice-recteur Henrici se mit à l'œuvre pour publier un ouvrage qu'il avait à cœur et qu'il méditait depuis longtemps.

On sait avec quel enthousiasme l'année 1630 fut saluée en Allemagne par le protestantisme de toute nuance, depuis la religion de Luther jusqu'à celle de Farel. C'était le centenaire de la fameuse Confession d'Augsbourg et de ses 28 articles. La piété de l'hérésie alla, par une parodie puérile, jusqu'à donner à ce centenaire le nom « romain » de *jubilé*.

Le jubilé protestant de 1630 fut, pour le vaillant polémiste Henrici, une bonne occasion qu'il n'eut garde de laisser échapper. Dans une publication savante, mar-

1. Contre-rapport du suffragant, aux archives de l'Evêché, liasse *Suffraganei*.

quée au coin de la plus rigoureuse logique, et intitulée l'*Anatomie de la Confession d'Augsbourg*, Henrici démontra aux protestants ses contemporains que c'était bien à tort qu'ils en fêtaient le centenaire. « Relisez, leur disait-il, ce formulaire de foi article par article et comparez-le à ce que vos docteurs et vos maîtres vous enseignent à cette heure et depuis longtemps, et voyez s'il est un seul article de cette « Confession », qui, dans vos sectes aussi variées que contradictoires, reste debout dans son intégrité ».

Puis, faisant la dissection ou « l'anatomie » de cette confession, le savant docteur la compare aux affirmations, ou plutôt aux négations des chaires protestantes de son temps, et n'a pas de peine à conclure et à faire conclure avec lui, que le protestantisme de 1630 n'avait rien ou presque rien de commun avec la Confession d'Augsbourg.

Sa démonstration va plus loin et le conduit à cette conclusion : « Si vous voulez revenir à la Confession d'Augsbourg, que patronne votre fête, et que vous exaltez si haut, faites un demi-pas de plus, et vous voilà rentrés en pleine Église catholique ».

Cette conclusion n'est ici que jetée en passant, mais elle n'a pas quitté pour autant l'esprit du vigoureux polémiste. Plus tard, il y reviendra, et elle fera l'objet d'un livre que Thomas Henrici aura préparé et mûri pendant de longues années.

L'*Anatomie de la Confession d'Augsbourg*, écrite en bon latin et publiée à Fribourg, fit sensation. L'auteur de cet ouvrage en provoquait hautement et en réclamait vivement une réfutation de la part de quelque docte protestant. Nul n'osa ou ne put relever le gant. C'est ce que rappelle modestement mais joyeusement Henrici lui-même dans son *Irenicum*, dont nous parlerons bientôt.

Si le protestantisme ne sut répondre que par le silence au défi du savant professeur de Fribourg, le Haut Chapitre de Bâle, réfugié dans cette ville dès l'an.

1529, y répondit de son côté en appelant le docteur Henrici à l'honneur de prendre rang parmi ses nobles membres. Le 1er mai 1630, l'auteur de l'*Anatomie* était solennellement installé, à Fribourg, comme chanoine de la cathédrale de Bâle, dont il fut archiprêtre en 1641 et grand-doyen en 1643[1].

Henrici n'eut pas à tenir longtemps la stalle qu'il venait de recevoir en toute justice comme en tout honneur. Le théâtre de la guerre entre Suédois et Impériaux se rapprochait de plus en plus de Fribourg. Les premiers, après les batailles de Leipzig et du Lech, ne tardèrent pas à s'avancer et à envoyer dans le Brisgau, comme avant-garde, des bandes de pillards. Fribourg, trop faible pour résister à ces troupes farouches, dut leur ouvrir ses portes. Ce fut alors un sauve-qui-peut général. L'université vit, comme le collège des Jésuites, le désert se faire de toute part. Professeurs et élèves, tous ou presque tous, furent obligés de fuir devant une soldatesque sans frein comme sans remords.

Henrici, estimé et aimé de l'évêque de Bâle, le prince Jean Henri d'Ostein, qui le connaissait par sa renommée autant que par les éloges de leur ami commun, l'illustrissime comte de Fugger, fut attaché à la personne de l'évêque en qualité de vicaire général. Dès les premiers jours de 1633, le prince d'Ostein, menacé à Porrentruy par les Suédois de Weimar, qui venaient de faire main basse sur Altkirch et Ferrette, s'était réfugié dans son château, ou plutôt sa courtine de Delémont, où il avait fait au professeur en fuite le plus amical accueil.

Dès la mi-février 1633, le vicaire-général Henrici est envoyé par le prince, avec l'assesseur Laub, à Saint-Ursanne, pour inspecter la place, et faire mettre

1. Cfr. CHÈVRE, *Notice historique sur le Chapitre de Moutier-Grandval*, p. 82.

la ville et le château en état de défense. Ce n'était pas trop tôt, car on venait d'apprendre que, le 12 février, un détachement de Suédois s'était avancé jusqu'à Lucelle pour piller l'abbaye [1]. En 1634, son prédécesseur, le vicaire-général Joseph Falleren étant mort, Henrici lui succéda dans la libre prébende dont disposait le prince-évêque au sein du Chapitre de Moutier-Grandval [2]. C'était un revenu qui lui était ménagé en compensation du traitement qui ne pouvait plus lui faire le prince d'Ostein, alors dénué de toute ressource. Bien plus : ce fut au vicaire-général à venir en aide à son évêque et à lui prêter, pour vivre, le fruit de ses modestes épargnes faites à Fribourg avec son traitement de professeur et quelques bénéfices simples qui lui avaient été conférés par l'archiduc d'Autriche. Bénéfices et traitement lui rapportaient, dit-il, autour de mille florins par an [3].

Les épargnes du nouveau vicaire général furent mises largement à contribution, ainsi que son courage, sa patience et son savoir-faire dans deux grands voyages, qui lui furent imposés par l'évêque d'Ostein en 1634.

En 1634, l'évêque de Bâle devait faire à Rome un voyage *ad limina*. Mais au milieu des préoccupations, des craintes et des tracas qui le tenaient en échec dans ses états prêts à être envahis par l'ennemi, le prince d'Ostein ne pouvait s'absenter sans danger. Il chargea donc son vicaire général de se rendre à Rome, au nom de l'évêque de Bâle. Il y reçut le plus aimable accueil.

« Il y a huit ans, écrit-il en 1642 au cardinal Barberini, vice-chancelier de la sainte Église romaine, j'étais à Rome où Votre Éminence a daigné me recevoir avec la plus grande affabilité, tout en agréant l'hommage que

1. Comptes de la ville de Saint-Ursanne pour 1633, p. 17, aux archives de la ville. Un quartal de vin fut dépensé par le Magistrat de la ville à l'occasion de cette visite (ibid.).
2. Il résigna ce bénéfice en 1657 en faveur de l'official Caspar Schnorff, qui lui succéda en 1660 comme suffragant.
3. *Gegenbericht*, aux archives de l'évêché, liasse *Suffragants*.

j'ai osé lui faire de mon *Anatomie de la Confession d'Augsbourg*, à laquelle vous avez fait la gracieuseté de donner une place dans votre savante et riche bibliothèque »[1].

Le vicaire général Henrici s'en revint de Rome, rapportant avec la bénédiction du saint Père Urbain VIII, oncle du cardinal Barberini, le titre flatteur de protonotaire apostolique.

A peine de retour de ce lointain et consolant voyage, Henrici se vit pressé par son évêque, le prince d'Ostein, de se rendre à Paris sans retard. Un désir, un signe du prince-évêque était un ordre pour son vicaire général. Après l'occupation de Porrentruy par les Français, alliés des Suédois (23 mars 1634), de fortes garnisons françaises furent placées dans cette ville, ainsi qu'à Saint-Ursanne. Écrasées sous le poids des dépenses énormes que leur coûtaient ces garnisons, les deux villes portèrent leurs vives doléances à leur seigneur, le prince-évêque de Bâle. Ému de leurs gémissements et de leurs supplications, Jean Henri d'Ostein résolut de tenter une démarche auprès de Louis XIII en vue d'obtenir une diminution de troupes, et par suite de charges pesant sur ces deux villes et sur le pays tout entier. Personne n'était mieux qualifié pour cette courageuse et délicate mission que le vicaire général Henrici.

Il partit donc de Delémont le 22 juin 1634, pour se rendre à Paris, comme délégué du prince-évêque de Bâle qui l'accréditait en cette qualité par lettres spéciales. Dans la relation qu'il nous a laissée de son voyage[2], Henrici nous apprend comment il eut mille peines d'arriver jusqu'au roi de France.

Après avoir vainement, dans ce bût, frappé aux portes de Richelieu, du Père Joseph, du cardinal Bichi et d'autres notabilités, il finit, le vingtième jour

1. *Catena biblica* : Epistola dedicatoria.
2. Aux archives de l'évêché de Bâle.

après son arrivée à Paris, par obtenir une audience royale, grâce à l'entremise du capitaine suisse de Sonnenberg.

C'est à Chantilly qu'il parut devant le roi, le 21 juillet. Louis XIII écouta tout au long sa harangue, à laquelle il répondit par quelques bonnes paroles, eau bénite de cour. Puis, en signe de bienveillance marquée, il couvrit de son chapeau l'envoyé de l'évêque de Bâle, et lui fit délivrer une lettre contenant de vagues assurances pour le prince d'Ostein. Henrici la lui remit en mains propres, le 3 août, à Delémont, à son retour de Chantilly et de Paris.

En 1635, le massacre de la garnison écossaise au service de la France, dont le château de Saint-Ursanne fut le théâtre, dans la nuit du 13 au 14 octobre, occasionna au prince d'Ostein et à son vicaire général les plus graves préoccupations. Il s'agissait, en effet, de sauver cette ville de l'incendie et de la destruction dont la menaçaient les troupes françaises [1]. Thomas Henrici, par son intervention, fut assez heureux pour obtenir du gouverneur de Montbéliard un sursis à cette effroyable vengeance, qui finit, grâce à la succession rapide des événements, par être ajournée indéfiniment, puis abandonnée par le comte de Grandcey, lorsqu'il reprit le château de Saint-Ursanne sur les Impériaux le 19 mars 1637.

Le bruit des armes, qui retentissait de toutes parts dans l'évêché de Bâle, n'empêcha pas le vicaire général Henrici de faire la visite pro-épiscopale, là où c'était possible. Dès la fin d'octobre 1635, et dans les premiers jours de novembre, il visitait l'abbaye de Bellelay, puis parcourait les paroisses de la montagne, en notant avec soin dans son *Liber visitationis*, qui nous est parvenu, ses remarques sur la situation religieuse, morale et financière de chaque paroisse et la tenue ou l'état de

1. Voir *Histoire de Saint-Ursanne*, p. 403 et suiv.

son église, comme aussi des autels, des cimetières, du presbytère, des vases sacrés et des ornements. Il s'informe auprès des curés de la fréquentation des offices et des sacrements, puis on le voit interroger à leur tour les magistrats de chaque localité qu'il visite et s'enquérir auprès d'eux de la conduite du curé, de son zèle à instruire les enfants et les paroissiens (catéchisme et sermons). Il voit tout, il entend tout, et consigne dans son registre ce qu'il voit et entend, en même temps que les ordres qu'il donne, soit au curé, soit à la fabrique de chaque paroisse.

Il parcourut ainsi, par monts et par vaux, par les bons et les mauvais chemins, le plus souvent à pied, les vingt-deux paroisses dont se composait alors le Chapitre rural dit de Salignon (Vallée de Delémont et Franches-Montagnes).

On trouve dans le compte-rendu ou procès-verbal de sa visitation, çà et là, des observations d'un intérêt piquant, qui nous montrent les mœurs et le abus de l'époque.

C'est ainsi qu'en se rendant, le 3 novembre, des Bois au Noirmont, il rencontre quelques jeunes gens de familles pauvres vêtus de très beaux habits. Il en exprime son étonnement. « C'est l'habitude, répond le curé ; dans nos montagnes, on aime les beaux vêtements. Chaque année, ajoute-t-il, un marchand de la Bourgogne y vend au moins pour quinze mille livres d'étoffes ».

Ce luxe, toutefois, n'était pas du goût du bailli de Saignelégier. Aussi le lendemain, en visitant cette paroisse, le vicaire général vit cet officier du prince faire jeter en prison un homme vêtu avec un luxe au-dessus de sa condition. A la vue de cette sévérité, le vicaire général s'émeut de compassion. Il demande et obtient la grâce du prisonnier et le renvoie après une sérieuse et paternelle admonestation [1].

1. *Liber visitationis*, p. 359.

Par contre, le consciencieux visiteur se plait à noter la satisfaction qu'il éprouve à Saignelégier, en voyant de ses yeux une grande affluence de fidèles s'approcher des sacrements à la fête de saint Charles.

Dans d'autres paroisses, comme à Vevelier, le vicaire général déplore de trouver l'église mal tenue et servant même de remise à la pompe à incendie !... En quittant l'église de Boécourt, dont il constate la pauvreté, Henrici se dirige, par des chemins détestables, sur Bourrignon en passant devant l'église de Repais, qu'il trouve dans le plus complet délabrement et qu'il appelle «non une église, mais une caverne ».

N'oublions pas que nous sommes en pleine guerre de Trente ans, et que nous avons ici un échantillon des ravages causés dans le pays, tour à tour, par les Suédois et les Impériaux, et qui ne firent, hélas ! que s'accroître dans toute la contrée pendant les dix années suivantes.

En suivant la route de Bâle à Laufen, on aperçoit, sur la gauche, avant d'atteindre Arlesheim et non loin de ce beau village, les ruines encore imposantes d'un ancien château-fort couronnant un sommet qui s'élève à plus de 2000 pieds au-dessus de la vallée arrosée par la Birse. Ce château, domaine de l'évêché de Bâle, portait le nom de Birseck. C'est là que dut se réfugier, dès l'année 1635, le prince-évêque Henri d'Ostein, fuyant devant les désastres de la guerre qui ravageait ses États.

C'est là aussi que son vicaire général dut chercher un asile et qu'il vécut, à côté du prince, de 1635 à 1646. « Il m'a fallu, dit-il, passer ces onze années, travaillant de douze à quatorze heures par jour, dans un misérable pigeonnier (*Taubenhäuslein*), où, pour me chauffer les pieds en hiver, j'avais à supporter les vapeurs brûlantes d'un petit fourneau, ce qui m'a valu depuis les fluxions de tête (*Hauptflüsse*), auxquelles je ne tarderai pas de succomber » [1].

1. *Gegenbericht*, de 1657 aux archives de l'évêché de Bâle.

Henrici, on le voit, était un rude travailleur. Aussi, à côté des affaires à traiter comme vicaire général et en même temps comme official, car, dit-il, pendant dix ans il n'y eut plus d'officialité [1], Henrici trouva le temps de mener à bonne fin, dès 1636, un ouvrage qu'il avait à cœur, ainsi qu'il le dit, depuis son retour de Rome en 1634. Ce livre qu'on peut qualifier d'*aureus*, mieux encore que sa *Doctrina moralis* dont nous avons parlé, porte le titre, admirablement justifié par le contenu, de *Catena biblica*, vraie chaine biblique, dont chaque anneau d'or est une pensée empruntée, non plus aux auteurs profanes, mais au texte même des divines Écritures. Divisé en quatre livres, cet ouvrage, comme l'annonce le développement de son titre [2], expose, avec une grande clarté de méthode, « outre les devoirs généraux ainsi que les devoirs propres à chaque état et à toutes les conditions humaines, les vertus et les vices, les biens de la fortune et les fins dernières, sans comprendre bon nombre d'articles de foi, surtout ceux qui sont controversés ».

L'ouvrage est dédié, nous l'avons dit, « à l'Éminentissime et Révérendissime Prince et Seigneur François Barberini, cardinal-diacre du titre de Saint-Laurent in Damaso, vice-chancelier de la sainte Église Romaine » [3]. Ajoutons : neveu du pape Urbain VIII, cardinal en 1613, fondateur de la bibliothèque Barberini, qui compte 60.000 volumes et 9000 manuscrits ; mort en 1697 doyen du Sacré-Collège.

Ce livre, dit l'auteur, est « un humble mais fervent hommage de reconnaissance, qu'il a cru devoir écrire

1. *Gegenberkht* de 1657.

2. Voici le titre in extenso : « Catena biblica, seu Moralis Doctrina a continuis Scripturæ Sacræ verbis libri quatuor : in quibus præter generalia et specialia cujuscumque status et conditionis hominum officia, virtutis, vitia, Fortunæ bona ac finem ultimum, complures alii Fidei articuli, præsertim controversi, perspicua methodo traduntur. Per Thomam Henrici, J. J. D., proton. apost., cathedralis Ecclesiæ Basileensis archidiaconum et vicarium generalem, Colmariensis præpositum, Lucernæ, typis Davidis Haut, 1642. In 4° de plus de 600 pages.

3. Cette dédicace, écrite au château de Birseck, est datée des calendes de janvier 1642, année où l'ouvrage fut imprimé.

pour offrir à Son Éminence en souvenir de la bienveillance marquée dont le cardinal a donné les plus touchantes preuves avant tout au prince-évêque de Bâle et à son évêché bouleversé par la guerre, mais aussi personnellement à Thomas Henrici, lors de son voyage *ad limina* ».

La dédicace fait l'éloge de l'illustrissime prélat romain, « qui sait montrer à tous ses visiteurs une égale et constante affabilité, prêtant une oreille attentive, de l'aurore à midi et au-delà, aux causes difficiles ou aux doléances qui lui sont exposées, renonçant aux jeux, aux récréations, aux invitations qui lui sont faites, prenant même sur ses repas et sur son sommeil, pour donner tout son temps aux affaires dont l'assiège le monde entier ».

D'ailleurs, « de l'aveu de tous les lettrés, le vice-chancelier est un Mécène incomparable pour tous ceux qui se livrent à de nobles études, également propres tant à donner une nouvelle impulsion à la prospérité publique, qu'à soulager au sein de l'adversité ». « L'intérêt que Son Éminence porte à la culture des lettres et des sciences paraît avec éclat dans sa vaste bibliothèque, toute remplie d'ouvrages des langues les plus diverses ».

L'auteur ose donc, avec quelque confiance, offrir son livre, tiré tout entier de l'Écriture sainte, à un prince de l'Église, qui, « se montrant lui-même un modèle de vertu, a ramené bon nombre de maisons religieuses à l'observation plus fidèle de leurs règles, et même plusieurs ecclésiastiques à la vraie discipline ».

Il nous plaît de citer ces éloges mérités, donnés par un témoin oculaire et consciencieux à un illustre cardinal, neveu d'un illustre pape, et se montrant digne de la pourpre dont il était revêtu.

La *Catena biblica* de Thomas Henrici fut achevée, nous l'avons dit, en 1636. Nous en avons la preuve dans l'approbation qui en est donnée à Fribourg, le 10 avril 1636, par le P. Jésuite Caspar Ruthard, doyen de la faculté de théologie, qui fait l'éloge du livre « composé avec un suave artifice et une artificieuse suavité, des paroles mêmes de la divine Écriture ».

A cette approbation s'en joignent deux autres, non moins flatteuses, données à Lucerne en 1641, la première par le nonce apostolique Jérôme Farnèse, archevêque de Patras; la seconde par le savant Jodoc Knab, docteur en théologie et prévôt de la collégiale de Lucerne.

Ce n'est qu'en 1642 que l'ouvrage put enfin être livré au public, dont il reçut, hâtons-nous de le dire, l'accueil le plus favorable et le mieux mérité. Délicieuse mosaïque, il fit le charme de ses lecteurs qui admiraient dans l'émule de saint Bernard l'art avec lequel il avait su exprimer les plus hautes vérités, non son propre langage, mais dans la pure langue des saintes Écritures. Réédité, il ferait encore de nos jours, nous pouvons l'affirmer, les délices de tous ceux, prêtres et laïques, qui aiment à se nourrir de la manne des divins Livres.

C'est en se rassasiant lui-même de cette manne céleste que Thomas Henrici attendait en toute patience au château de Birseck la fin de la guerre, tandis qu'à ses côtés, dans le même manoir, le savant P. Sudan écrivait, sous le nom de *Basilea sacra*, la première histoire des évêques de Bâle.

La *Catena biblica* étant devenue rare, voici, pour en donner une idée, les titres des quatre livres dont il se compose :

1er livre : De Deo, de prædestinatione Dei et de personis sub illam cadentibus (De Christo, de Deipara Virgine, de sanctis angelis, etc.).

2e livre : De verbo Dei et ecclesia, de variis hominum in Ecclesia statibus.

3e livre : De gratia Dei et libero hominis arbitrio, et de utriusque fructibus, de virtutibus et peccatis.

4e livre : De retributione Dei et de temporalibus per quæ ad æterna transeunt homines.

Trois index suivent ces nombreux traités. D'abord l'index des 46 dogmes controversés qu'ils renferment. Ensuite un index rerum et verborum. Enfin un index concinatorius, qui clôt l'ouvrage.

Tout en demandant aux saintes Écritures « consolation et espérance au sein d'une guerre qui menaçait l'univers entier, pour peu qu'elle vint à continuer, d'une dévastation irréparable » [1], Thomas Henrici épiait des fenêtres de son « pigeonnier » l'occasion de pouvoir s'en échapper à la première éclaircie de la tempête guerrière. C'est ainsi qu'on le voit à Bellelay, le 27 février 1638, présidant, au nom du prince-évêque, l'élection d'un nouvel abbé, Jean-Pierre Cuenat, puis l'emmenant avec lui à Birseck pour recevoir de Jean-Henri d'Ostein la bénédiction abbatiale. En 1644 et 1648, nouvelle apparition dans le monastère des pieux Prémontrés.

En 1642, nous le trouvons en Alsace. Les préliminaires de paix commençaient, mais pour durer encore six ans. Suédois et Lorrains infestaient les routes. Sur les cinq décanats ou chapitres ruraux que comptait en Alsace le diocèse de Bâle [2], le vicaire général Henrici ne put visiter alors, du 16 juillet au 2 septembre, que les deux premiers. Et encore la visite du premier dut-elle se borner, pour Henrici, à appeler le doyen de ce chapitre et à recevoir de lui les renseignements nécessaires. Ce doyen était Hugues Byrenwyl, curé de Kaysersberg. Le visiteur épiscopal apprit de sa bouche que sur vingt-sept paroisses, quinze étaient sans curé [3]. Les curés des autres paroisses étaient les suivants: Ammerschwihr, Jean Abt; Zellenberg, Théobald Sutor;

1. *Catena biblica*, p. 70.

2. Ces décanats étaient, comme on le sait, à partir du nord, non loin de Sélestadt, désignés dans l'ordre et sous les noms suivants: 1° Ultra colles Othonis; 2° Citra colles Othonis; 3° Citra Rhenum; 4° Sundgauviæ; 5° Inter colles (de Mulhouse à Bâle).

3. C'étaient les suivantes : Kientzheim, Sigolsheim, Bergheim, Roderen, Holzwihr, Thannenkirch, Bennwihr, Ingersheim, Morschwihr, Wintzenheim, Sultzbach, Wasserbourg, Wettolsheim, Logelnheim et Herrlisheim. Eguisheim était desservi par le prieur de Marbach.

Ribeauvillé, Georges Romberger; Guémar, Mathias N.; Turckheim, Georges Voygant; Wihr, Laurent Pfaff; Fréland, Henri François; Lapoutroie, Henri Cordier; Orbey, Mathieu Huart; Labaroche, Claude Collin.

Dans le décanat *Citra colles* Henrici visite Colmar, Rouffach, Westhalten, Soultzmatt, Orschwihr et Guebwiller. Il s'arrête dans cette dernière paroisse, où viennent le trouver les onze membres suivants de ce chapitre rural : Jean Simon Kich, doyen, curé de Guebwiller; Jacques Rotner, camérier, curé d'Orschwihr; Jean Renaud Trittenbach, curé de Feldkirch, d'où il administre en même temps Ungersheim, Rædersheim, Bollwiller et Sausheim. Les autres curés sont : à Wattwiller, Jean Freiburger; à Gueberschwihr, Michel Neuheuser; à Cernay, Georges-Jean Gall; à Soultz, Laurent Wylher; à Isenheim, Laurent Koler; à Soultzmatt, Mathias Aldenhoffer; à Ensisheim, Jean Christophe Konawir, et à Rouffach, Jean Eckart [1].

Pendant son séjour à Colmar, où il demeurait chez le doyen du Chapitre, Jean Georges Strælin, Henrici officia et prêcha plusieurs fois dans la collégiale de Saint-Martin, où il avait été installé solennellement en qualité de prévôt le 15 juillet 1641 [2], comme il le fut, dix ans après, aussi en cette même qualité, dans la collégiale de Saint-Ursanne.

Nous ne suivrons pas plus loin le docteur Henrici dans sa carrière et ses fonctions de vicaire général. Nous avons hâte de le voir investi d'une dignité et de fonctions plus hautes. Rappelons néanmoins la joie qu'il éprouva et qu'il partagea avec le prince d'Ostein, en 1639, lorsqu'il apprit que Louis XIII avait permis aux PP. Jésuites de rouvrir leur collège de Porrentruy, où les études ne tardèrent pas à reprendre et à refleurir.

1. *Liber visitationis*. On y trouve le tableau le plus navrant de la situation de Colmar et d'autres lieux à cette époque. (Voir *Revue catholique d'Alsace*, octobre 1869).

2. Instrument de sa nomination, aux archives de Colmar, dressé par le notaire apostolique Joner.

En fut-il de même, suivant l'ardent désir du vicaire général, dans sa chère ville de Fribourg en Brisgau ? Nous aimons à le croire.

Quoi qu'il en soit, nous retrouvons Henrici, en 1646, auprès de l'infortuné Jean-Henri d'Ostein, au moment où le prince-évêque apprend la mort si prompte de son suffragant Jean Bernard d'Angeloch [1]. Il fallut lui donner un successeur. Il était tout désigné dans la personne du vicaire général Henrici, alors doyen du Haut-Chapitre de Bâle. Outre sa science, ses talents et son activité, ne jouissait-il pas de toute la confiance bien méritée de l'évêque Jean-Henri ? Celui-ci se hâta donc de nommer suffragant le Dr Henrici et de recommander son élu au souverain Pontife Innocent X [2]). Bien qu'avantageusement connu à Rome où il était estimé, aimé et protégé par le cardinal et vice-chance-Barberini, plus d'une année devait s'écouler avant que le suffragant élu ne reçut ses lettres confirmatives.

Dans l'intervalle, le nouveau suffragant eut la douleur de perdre celui qui était pour lui un ami et un père. Le 26 novembre 1626, le prince d'Ostein, de retour à Delémont, dans le couvent des Capucins fondé par lui en 1621, succombait presque subitement à une hémorrhagie interne ex *læsis pulmonibus* [3]). Et tandis que les PP. Capucins, se conformant au désir du noble défunt, l'inhumaient presque à la dérobée dans leur modeste église, le suffragant n'avait pas même la suprême consolation de lui rendre les derniers devoirs. Dans la crainte trop bien fondée des suites politiques de cette mort si prompte, tenue cachée au public pendant trois jours, le suffragant s'était hâté de réunir le Haut-Cha-

1. Décédé le 6 avril 1646 à Saint-Ursanne, où il résidait depuis quatorze ans. « Dum exequiis Consulis oppidi Sancti Ursiciani sub vesperum interest, paralysi tactus in ipso templo mortuus est ». (*Syllabus Ordin.*, p. 150).

2. *Syllab. Ordin.*, p. 150. « Summo Pontifici a R[mo] Jòanne Henrici commendatus ».

3. *Basilea sacra*, p. 409.

pitre à Beinwyl, pour procéder immédiatement, avant toute intervention du dehors, à l'élection d'un nouveau prince-évêque. Un des membres du Chapitre fut aussitôt proclamé en cette qualité. C'était Béat-Albert de Ramstein, lequel, bien qu'à l'âge de 52 ans, n'était encore que sous-diacre [1].

En attendant que son élection fût confirmée à Rome, le nouveau prince, de concert avec le suffragant, eut à s'occuper activement de l'établissement des Annonciades, que la guerre avait chassées de Haguenau en 1633, et qui demandaient de se fixer à Porrentruy. Thomas Henrici portait à ces dignes religieuses, comme à toutes les congrégations, le plus légitime intérêt. Cédant aux pieuses instances du suffragant, le prince d'Ostein avait fini par accéder aux vœux des Annonciades, d'ailleurs recommandées par l'ambassadeur de France à leur retour de Soleure où elles s'étaient réfugiées, et, par lettre du 28 janvier 1647, les avait autorisées à s'établir à Porrentruy, où leur maison a subsisté jusqu'à la Révolution.

La même année, une autre affaire préoccupa vivement le suffragant Henrici. L'abbé de Corneux, le R^me^ François de la Fosse, prémontré, venait faire la visite du monastère de Bellelay, qui était sous sa dépendance, et dont il revendiquait la juridiction. Mais le prince-évêque revendiquait, de son côté, cette même juridiction. Aussi, pour sauvegarder les droits du prince, voyons-nous le suffragant, à cette nouvelle, accourir à Bellelay, accompagné du maître d'hôtel du prince, M. de Ferrette, et soutenir vigoureusement le droit d'avocatie accordé à l'évêque de Bâle en 1141 par Innocent II. La visite du monastère se fit en commun par le R^me^ abbé François et par le suffragant Henrici, en attendant que le Saint-Siège, grâce aux efforts du suffragant, eût

1. Minoré dans la collégiale de Saint-Ursanne par le suffragant J.-B. d'Angeloch en 1615, le jour de l'Ascension (*Syllab. Ordin.*).

confirmé, en 1631, le prince-évêque de Bâle dans son droit d'avocat du monastère, bien qu'exempt.

L'automne de l'année 1648 vit le suffragant en possession de ses bulles, pour lesquelles, dit-il, il eut à payer 1000 florins de ses propres deniers [1]. Nous avons rapporté la date, les lieux et l'éclat de son sacre. L'évêque de Chrysopolis ne tarda pas à inaugurer ses nouvelles fonctions. Aux Quatre-Temps de l'Avent (décembre 1648), il fit à Delémont, où il venait de confirmer en novembre 601 personnes, sa première ordination : deux sous-diacres et un prêtre. Nul prêtre dans les trois ordinations suivantes. Par contre, à Pentecôte 1649, trois prêtres, mais un seul du diocèse de Bâle [2].

On voit ce qu'étaient devenues les vocations au sacerdoce par suite de la suppression violente des études de collège, ce qui ne fut pas un des moindres maux de la guerre dans l'évêché de Bâle de 1632 à 1648.

En 1649, le suffragant Henrici était à Porrentruy, où il consacrait, le 26 juillet, deux autels dans l'église des Ursulines. Puis, aux Quatre-Temps de septembre, il se trouvait à Thann, où il ordonnait deux sous-diacres, cinq diacres dont quatre capucins, et un prêtre aussi capucin. La même année, l'évêque de Chrysopolis parcourt l'Alsace, et nous le trouvons à Bergheim [3], où il confirme, le 28 août, 233 personnes [4].

Voici d'ailleurs le compte-rendu de cette tournée de confirmation, d'abord en Suisse, puis en Alsace, tel que nous le trouvons dans le Journal du suffragant sous ce titre : « Designatio quarumdam functionum Episcopalium a me factorum, ex quo suffraganeatum suscepi ».

1. *Gegenberikht*, loc. cit.
2. *Syllabus Ordin.*
3. Comptes de l'église de cette paroisse.
4. Journal de Thomas Henrici, aux archives de l'ancien évêché de Bâle, liasse *Suffraganti.*

1649, 8-18 avril. Visite du chapitre du Buchsgau, consécration de cinq autels à Oensingen (11 avril), et 2274 confirmations en divers lieux de ce décanat.

Du 19 avril au 3 mai, visite du Frickgau : 5890 confirmés.

Du 8 au 10 mai, 1423 confirmés à Arlesheim, Pfeffingen et Zwingen. Le 4 juillet, 239 au monastère de Bellelay.

A Saignelégier 1229, le 6 et le 7 juillet. Le lendemain à Saint-Ursanne 234.

Le 23 août suivant, le suffragant, de retour des eaux *(ex acidulis)* de Griesbach, est au Val-Saint-Grégoire où il bénit l'abbé de Munster, puis confirme l'après-midi 118 personnes. Consécration de quatre autels.

Le 28 août, à Colmar, sermon et messe pontificale, avant et après midi 609 confirmés, plus 631 dans deux monastères de cette ville.

« Le 27 août, à Colmar, je descends à pied à Guémar, d'où j'ai continué toujours à pied presque ma tournée entière. A Guémar, bien que mouillé jusqu'aux os par une pluie incessante, j'ai célébré, puis confirmé 112 personnes ».

28 août. 233 confirmés à Bergheim.

29 août, à Ribeauvillé, 570, après sermon et office chanté du suffragant.

31 août. « Après visite faite dans d'autres localités par où j'ai passé, 720 confirmés à Kaisersberg ».

1er septembre. Ammerschwihr 560.

2 sept. Aux Trois-Epis 111.

3 sept. A Turckheim 562.

4 sept. A Eguisheim 387.

5 sept. A Rouffach 889. Sermon et office.

7 sept. A Ensisheim, après l'office chanté dans l'église paroissiale par le suffragant, 198 confirmés.

8 sept. Ibidem, dans l'église des religieuses de saint François, après l'avoir consacrée avec trois autels, avant midi 258 confirmés.

10 sept. Guebwiller 250.

12 sept. Soultz 631. Sermon et office par le suffragant.

13 sept. Wattwyller 128. « Ici, M. de Grüen m'envoie sa voiture qui me conduit jusqu'à

14 sept. Thann ». Sermon et office, 831 confirmés.

16 sept. Saint-Amarin 254.

17 et 18 sept. Thann, après les ordres conférés, 22 confirmés.

19 sept. A Landser 1632 confirmés, après sermon et office.

20 sept. Ibidem, encore 29 confirmés. « Ici M. Batz m'envoie des chevaux, dont je me sers jusqu'à Altkirch ».

21 sept. A la fête de saint Mathieu, sermon et office à Altkirch, et 1370 confirmés *in arce, prandio breviter sumpto apud D. Batz.*

22 sept. A Carspach « j'ai réuni et visité le chapitre du Sundgau ». Puis confirmé le lendemain 191.

24 sept. A Spechbach 339.

25 sept. A Massevaux 545.

26 sept. Ibidem, 151 après sermon fait et bénédiction de l'abbesse.

27 sept. A Pfaffans 425.

28 sept. A Seppois 100.

29 sept. A Lupach 1183. Sermon et office.

1er octobre. A Terwyler 745. Office chanté.

3 oct. « Après avoir consacré, la veille, la chapelle de Notre-Dame de la Pierre avec un autel, j'ai prêché le Rosaire, fait la procession et célébré pontificalement. Il y a eu environ 600 communions. Confirmés 759. En outre, le 5 octobre, consécration d'un autel dans la salle capitulaire ».

4 oct. A Metzerlen 63, après consécration de l'église et de trois autels.

10 oct. A Olten 440, après consécration de l'église des Capucins avec trois autels, et sermon.

11 oct. Wangen 31. Bénédiction du cimetière.

12 oct. Consécration de la chapelle de la Cluse, avec un autel.

14 oct. Beinwyl 303 confirmés.

Après cette première tournée de visite pro-épiscopale et de confirmation, Thomas Henrici eut à conférer, dans la chapelle du prince à Delémont, le diaconat au futur évêque de Bâle, Guillaume Jacques Rinck de Baldenstein (Quatre-Temps de décembre), comme il avait donné les mineurs aux Quatre-Temps de Pentecôte à un autre évêque de Bâle, Jean Conrad de Roggenbach, qui devait être le prédécesseur du prince de Rinck, deuxième de ce nom [1].

En 1630, nouvelle tournée. En voici le résumé, tel que nous le donne le suffragant :

3 avril. Après la visite des chapitres du Buchsgau et du Frickgau, office pontifical à Seckingen et 493 confirmés.

2 mai. Rheinfelden, deux cloches bénites, 2 confirmés.

3 mai. Weil (Wyl), six cloches bénites et 388 confirmés.

27 juin. Visite du chapitre du Salsgau.

11 juillet. « J'ai réuni le chapitre du Buchsgau pour l'élection d'un nouveau doyen ».

22 juillet. Delémont, 230 confirmés.

24 juillet. Porrentruy, dans l'église des Jésuites, 950 confirmés.

25 juillet. Après avoir célébré pontificalement dans l'église paroissiale *(in parochia)*, confirmé l'après-midi dans l'église des Jésuites 622 personnes.

Dans l'église des Ursulines, consécration de deux autels, puis 85 confirmés. « Et parce que sur le soir

1. Trois Rinck de Baldenstein ont occupé, avec distinction, le siège des princes-évêques de Bâle : Guillaume (1608-1628), Guillaume Jacques (1693-1705), et Joseph Guillaume (1761-62). Ce dernier a été le fondateur des forges de Bellefontaine, entre Saint-Ursanne et Ocourt. *(Histoire de Saint-Ursanne*, p. 753).

de ce même jour la garnison française a quitté le château, le lendemain j'ai chanté l'office d'actions de grâces, terminé par le chant solennel du *Te Deum* ».

Le suffragant aurait pu ajouter, dans ses notes trop brèves ce que nous apprend son contemporain Vergier: « Henrici avait été spécialement délégué, dans cette grave circonstance qui était un événement pour Porrentruy et le pays tout entier, par Béat Albert de Ramstein pour recevoir en mains propres, au nom du prince des mains de Vignoncourt, commandant de la garnison, les clefs du château évacué par ordre du roi Louis XIII et rendu à son légitime souverain, ainsi que la ville, après une occupation qui avait duré seize ans! On comprend la joie immense des habitants de Porrentruy et leur empressement à remercier le ciel par une procession générale à l'église de Saint-Germain, qui fut présidée par le suffragant, avant le chant de l'office et du *Te Deum*. Un autre délégué du prince-évêque accompagnait Henrici : c'était le docteur en droit Jean Georges Schöttlin, chancelier de Son Excellence » [1].

Trois jours après, le suffragant avait la joie de remettre, à la porte de Porrentruy, au prince de Ramstein les clefs de sa ville et de son château.

De Porrentruy, le suffragant s'en alla, dans les premiers jours d'août, administrer la confirmation dans une partie du diocèse de Besançon, comme il ira en octobre de la même année l'administrer dans le diocèse de Constance [2].

Mais revenons au Journal du suffragant.

11 août. « J'ai réuni à Pfeffingen le chapitre du Leymenthal ».

13 août. A Istein 148 confirmés.

14 août. A Neubourg 419, après sermon et office.

15 août. A Brisach 1217, aussi après sermon et office.

1. Journal de Jean Nicolas Vergier, année 1650.
2. Dans ces deux tournées, il confirma 13 750 personnes. (*Syllabus ordin., ad annum 1650*).

16 août. Ibid., chez les PP. Capucins, 122.

17 août. Id., ibid., encore 67.

20 août. A Colmar. « A cause de la fête de saint Laurent, d'après l'ancien calendrier, après avoir prêché et chanté l'office, je suis parti pour Kaysersberg, où, le lendemain, j'ai chanté l'office après avoir fait le sermon. Le matin demain, dans cette même ville, réunion et visite du chapitre Ultra-Ottensbühl ».

24 août. Prêché et chanté l'office à Soultz, puis réunion et visite du chapitre Citra-Ottensbühl.

27 août. Retour à Brisach, et le lendemain, après sermon et office, confirmation à Muntzingen de 762 personnes.

1er septembre. « Inauguré ma nouvelle résidence à Fribourg en chantant l'office dans la grande église ».

4 sept. A Endingen 562 confirmations. Sermon et office.

5 sept. A Waltkirch 1242 confirmations. Office chanté.

6 sept. Ibid. 857 confirmations. Id.

8 sept. A Fribourg sermon, office, 2302 confirmations.

9 sept Ibid. 1205 confirmations, des localités avoisinantes.

10 sept. Ibid. 63, dans la chapelle de la maison capitulaire.

11 sept. A Kirchofen, 1839 confirmations.

15 sept. A Sierentz, réunion et visite du chapitre Intra Colles.

16 sept. A Bartenheim, réconciliation de l'église. suivie de 164 confirmations.

Dans le cours de l'année 1650, le suffragant avait confirmé 28.369 personnes dans le diocèse de Bâle, ce qui fait, avec les confirmations du dehors, 42.019 personnes[1]. En outre, le 27 août, à la demande du

1. *Syllabus ordin., ad annum 1650.*

gouverneur de Brisach, il avait béni dans le château une salle, convertie en chapelle, où il avait célébré pontificalement. « Le 7 septembre suivant, ajoute-t-il, j'ai béni la chapelle des Pères Jésuites à Fribourg (Brisgau) ».

A Delémont, dans la chapelle épiscopale, Henrici avait fait, cette même année, six ordinations, dont une *extra tempora*. Dans celle de décembre, il avait ordonné sous-diacre un nommé Jacques Hugo, de Zurich, converti à la foi catholique deux ans auparavant[1]. Nous le verrons de même en 1652, conférer en trois ordinations successives, faites à Fribourg, les ordres majeurs à un prédicant de Zurich, âgé de 64 ans, nommé Jacques Süess, dont le fils, portant le même nom, était déjà curé dans notre diocèse. Le magistrat de la ville de Soleure lui avait assuré son patrimoine[2].

« Depuis l'an 1284, sous l'évêque Henri de Issena, de l'ordre de saint François, d'après la chronique des Dominicains de Colmar, nulle ordination n'avait plus eu lieu dans cette ville[3] ».

Le suffragant devait cette distinction à la collégiale dont il était le prévôt. « Pendant tout le carême, écrit-il, et aux fêtes de Pâques, j'ai prêché à Colmar, et à trois reprises j'y ai conféré les saints ordres ». Ces trois ordinations furent celles des Quatre-Temps de Carême, de *Sitientes* et du Samedi-Saint.

« Aux trois féries de Pâques j'ai confirmé (à Colmar) 598 personnes : le mardi de Pentecôte 600 à Huningue, où j'ai prêché, et le lendemain 2 à Byrseck ».

A Huningue, consécration d'un autel collatéral, « à la place de celui dont les Bâlois avaient fait une chaire pour leurs prédicants ».

Le 1er mai 1651, le suffragant était à Delémont, où il prend part à de joyeuses fêtes. Le 26 novembre

1. *Syllabus ordin.*, *ad annum 1650.*
2. Ibid., *ad annum 1652.*
3. *Syllabus Ordin.*, ad annum 1651. Journal de Henrici, 1651.

précédent, le Saint-Siège avait enfin confirmé l'élection du prince-évêque Béat-Albert de Ramstein. L'élu avait eu le temps de se préparer à son sacre. A la fête de saint André 1648, il avait été ordonné diacre par le suffragant, puis prêtre, quelques jours après, à la fête de la Conception de Marie. A la Purification de l'année suivante l'évêque élu avait célébré, à 54 ans, sa première messe, assisté du suffragant Henrici. Ce fut aussi le suffragant qui eut l'honneur, le 1er mai suivant, assisté des abbés de Beinwyl et de Lucelle, de conférer l'ordre épiscopal au prince de Ramstein. Grande était la joie à Delémont. Grande fut-elle à Porrentruy, quand, au commencement de juin, le nouvel évêque de Bâle y fit son entrée solennelle, accompagné de son fidèle suffragant, et acclamé par une foule heureuse « de « bénir son prince qui la bénissait » pour la première fois [1].

Cette allégresse de tout un peuple devait, hélas! faire place peu de temps après à un deuil général. Le 25 août suivant, après deux mois à peine de résidence en son château épiscopal, le prince de Ramstein succombait à la maladie qui, depuis trois mois, l'empêchait de fermer l'œil la nuit et lui causait de vives douleurs, supportés avec une patience, une résignation et une piété faisant l'admiration de tous [2]. Ce ne fut pas sans verser des larmes que le suffragant, qui perdait son plus noble ami, eut à présider aux funérailles de Béat-Albert, lequel fut inhumé sous le maître-autel de l'église des PP. Jésuites [3].

Avant ce deuil public, Henrici était à Holderbanck (Soleure), où il consacrait un autel le 11 juin, puis le surlendemain à Buchsiten, où il en consacrait deux.

La même année, il en consacrait un dans la nouvelle maison des chanoines de Moutier à Delémont, où fut

1. Journal de J.-N. Vergier, année 1651.
2. *Basilea sacra*, 414 416.
3. Journal de Vergier.

élu, comme successeur du prince de Ramstein, le lundi 18 septembre, le prévôt de la cathédrale de Bâle, Jean François de Schönau, grand-doyen d'Eichstätt.

Son élection était due, en grande partie, aux lumières et à l'influence du doyen du Haut-Chapitre, le suffragant Henrici, sur lequel le nouvel élu reporta toute la confiance méritée dont avait joui le suffragant sous les deux derniers règnes.

C'est encore la même année (août 1651) que le suffragant Henrici fut nommé, après la mort de Wolfgang de Gall, prévôt de la collégiale de Saint-Ursanne.

Après deux ordinations faites à Porrentruy, et une à Fribourg en Brisgau [1], le suffragant reçut du nouveau prince, en janvier 1652, la mission délicate d'aller à Lucerne ménager une nouvelle alliance, non plus seulement avec les sept cantons catholiques, mais avec les treize cantons suisses. Si cette mission n'eut pas, à la conférence de Baden, le succès désiré, grâce au mauvais vouloir des cantons protestants, elle assura du moins l'alliance avec les sept cantons catholiques, lesquels envoyèrent une garnison dans l'évêché de Bâle pour le protéger contre toute invasion de troupes, soit lorraines, soit françaises, qui guerroyaient en Alsace et menaçaient les frontières de l'évêché, dont quelques villages venaient même d'être pillés par les Français (4 mars).

Après diverses ordinations faites les unes à Porrentruy dans l'église des Jésuites, les autres à Fribourg, *in summo templo*, le suffragant Henrici eut enfin la joie et l'honneur, le 15 juin 1653, de donner l'onction qui fait les évêques à un prince et ami, Jean François de Schönau. La cérémonie eut lieu à Porrentruy, dans

1. Le 23 novembre 1651, Son Altesse écrivait à l'évêque de Constance pour lui demander en faveur du suffragant, fixant sa résidence à Fribourg, diocèse de Constance, l'autorisation de conférer dans cette ville les ordres sacrés et d'administrer la confirmation, spécialement aux ressortissants de l'evêché de Bâle. (Minute aux Archives de l'évêché, liasse *Suffraganei*).

l'église des Jésuites, où le prélat-consécrateur fut assisté des R^mes abbés Fintan, de Beinwyl (Mariastein), et Norbert, de Lucelle, les mêmes qui avaient fait fonction de scrutateurs, avec le R^me Bernard, abbé de Pairis, lors de l'élection du prince de Schönau. Circonstance touchante : ce fut le frère même du nouvel évêque, le Père Marc, capucin, qui fit le sermon de la solennité.

Le 14 juillet de l'année précédente, Henrici était à Fribourg, où il consacrait, nous dit-il, six autels dans l'église des Chartreux de cette ville.

Au sortir de son sacre, le prince-évêque de Schönau, à trente-quatre ans, était dans toute la force de l'âge et dans toute l'ardeur de son zèle épiscopal. D'une piété profonde, il voulut prendre sa bonne part des fonctions pontificales. De 1653 à 1656, c'est lui qui fit la plupart des ordinations à Porrentruy, dans la chapelle du château. Nous le voyons même, en 1654, du 10 au 29 novembre, se rendre en Alsace pour y donner la confirmation. Massevaux, Thann, Soultz, où il consacra l'église des Capucins (11 novembre), Guebwiller, Rouffach, Colmar, Ribeauvillé, Dornach, Altkirch, autant de stations où Son Altesse confirme, en tout 3583 personnes. A Colmar, il ordonne deux prêtres dans la grande église et reçoit, avec le Chapitre, la démission donnée par le suffragant de sa charge de prévôt de la Collégiale[1].

De son côté, le suffragant, de 1653 à 1655, faisait six ordinations à Fribourg et une à Mariastein (*Sitientes*, 1655), puis la suivante, celle du Samedi-Saint, à Porrentruy.

Le suffragant, on le voit, rivalisait d'activité avec Son Altesse. Le 1er novembre 1655, nous les voyons tous les deux à Mariastein, où l'évêque de Bâle consacre la nouvelle église et le maître-autel, tandis que le suffragant y consacre quatre autels hors du chœur. C'était de Fribourg, après une ordination faite dans la

1. Archives de la Haute Alsace, communication de M. le chanoine Frey, curé de Saint-Martin de Colmar.

chapelle des Trois-Rois et une autre à Wolfweil, que le suffragant s'était rendu à N.-D. de la Pierre, où il confirma l'après-midi 278 personnes. Son. Altesse en en avait confirmé 1534 le matin [1].

De Mariastein Henrici descend à Habsheim, où il consacre, le 4 novembre, cinq autels dans l'église paroissiale et confirme 655 personnes. Le lendemain, il célèbre la messe dans la chapelle hors du village et y confirme 131 personnes, après la consécration de deux autels. Le surlendemain, il en consacre deux à Brisach, l'un dans l'église paroissiale, l'autre dans la nouvelle chapelle du cimetière. Il bénit en outre le cimetière (8 novembre) et confirme 402 personnes, entre les 435 confirmés de la veille. Dans le nombre se trouve le marquis de Saint-Geniès, gouverneur de la ville, converti au catholicisme [2].

« Après avoir prêché à Brisach et consacré l'autel de saint Antoine, j'ai réconcilié la chapelle où a été déposé longtemps le cadavre du duc (Bernard) de Weymar [3], puis j'ai officié là pontificalement » [4].

Le 11 octobre précédent, en passant à Brisach, Henrici y avait donné la tonsure à François de Madry, fils du commissaire royal [5].

Le 21 novembre de la même année, le suffragant consacrait un autel à Hegenheim, puis deux à Allschwyler le 28 du même mois. Dans cette dernière paroisse, 338 confirmés, à la même date.

Nous n'avons rien dit des fêtes auxquelles prit part le suffragant, et avec lui les abbés de Lucelle, de Bellelay et de Mariastein, qui furent données à Porrentruy par

1. Journal de Henrici.
2. *Syllabus Ordin.*
3. On sait que Bernard de Weymar mourut à Neubourg sur le Rhin, le 8 juillet 1639, à l'âge de 35 ans. Inhumé dans la chapelle de Brisach, ses restes mortels furent plus tard transférés à Weymar. (DEZOBRY, *Dictionnaire*).
4. Journal de Henrici.
5. *Syllabus Ordin.*

Son Altesse le prince de Schönau, le mercredi 20 octobre 1656, aux représentants des sept cantons catholiques à l'occasion du renouvellement solennel de leur alliance avec le prince-évêque de Bâle. On trouve la description de ces fêtes dans l'*Histoire des évêques de Bâle*, par Mgr. Vautrey. Nous y renvoyons le lecteur dans l'intérêt de la brièveté et pour ne pas faire double emploi.

L'année 1656 réservait au suffragant Henrici une épreuve nouvelle et de nouveaux embarras. En attendant, il ne négligeait rien de ses fonctions saintes.

Les Quatre-Temps de Carême le trouvent à Porrentruy, où il fait les ordinations et félicite vivement Son Altesse d'avoir donné, par un décret du 14 février précédent, saint Joseph pour patron spécial au diocèse de Bâle. Le suffragant n'avait pas été étranger à cette pieuse détermination.

Le 7 mai suivant, Henrici était au monastère de Lupach ; il y consacrait quatre autels, et après sermon fait, y confirmait 429 personnes.

Le surlendemain, à Wollschwyl, consécration d'un autel et 79 confirmés.

Le 14 mai, à Huningue, un autel consacré, puis sermon et 70 confirmés.

« En outre, ajoute le journal du suffragant, j'ai consacré beaucoup d'autels portatifs et bénit un grand nombre de cloches ».

Aux Quatre-Temps de Pentecôte, Henrici est de nouveau à Fribourg. Ordination dans la chapelle des Trois-Rois, où il avait déjà ordonné à *Sitientes* trois minorés, onze sous-diacres, dix diacres et trois prêtres.

Le 13 juillet, Henrici, qui avait obtenu de Rome, par l'intervention de son puissant protecteur, le cardinal Frédéric de Hesse, l'établissement d'un couvent de Capucins à Porrentruy, était au comble de la joie. Son vœu était accompli. L'évêque de Schönau bénissait solennellement la chapelle provisoire de la maison des Révérends Pères, bâtie au pied même du château princier.

Ce devait être, hélas ! une des dernières fonctions remplies par Son Altesse. Le suffragant venait, le 21 novembre 1656, de bénir le nouvel abbé de Münster en Alsace, lorsqu'à son retour il trouva le prince en proie aux plus vives souffrances. Il y succomba, bien qu'âgé seulement de trente-sept ans, le 30 novembre, presque inopinément. Ce fut un nouveau sujet de larmes pour Henrici, qui admirait dans ce jeune évêque une rare piété jointe à un zèle à toute épreuve.

Et pour la troisième fois, après avoir rendu les honneurs funèbres à l'illustre défunt, le grand-doyen Henrici eut à prêter son concours intelligent et actif à l'élection d'un nouveau prince-évêque.

Celui dont le nom sortit du scrutin, le 22 décembre 1656, fut le grand-prévôt Jean Conrad de Roggenbach, lequel devait mériter par ses vertus le surnom de *bon prince*, que lui a donné l'histoire.

Mais la confirmation de cette élection se fit longtemps attendre de Rome. Pendant plus de deux ans, tout le fardeau des fonctions pontificales pesa sur les épaules du suffragant, qui commençait, il nous le dira tout à l'heure, à sentir le poids du travail et des ans.

En 1657, nous le voyons faire cinq ordinations au château de Porrentruy, et une en décembre, à Fribourg.

Au nombre des prêtres sortis de ces ordinations figure le futur successeur de Henrici comme prévôt de la collégiale de Saint-Ursanne. C'était le chanoine de cette église, Jean Frédéric de Grandvillers, ordonné prêtre le Samedi-Saint de ladite année [1].

Nouvelles ordinations en 1658, tour à tour à Fribourg et à Porrentruy. A la dernière de ces six ordinations fut minoré, puis reçut les ordres majeurs Jean François Geissberg, de Hambourg, converti à la foi catholique et pourvu de la faculté apostolique de recevoir tous

1. *Histoire de Saint-Ursanne*, p. 435.

les ordres de quelque évêque que ce fût, même *extra tempora*. Il fut ordonné prêtre à la fête de saint Etienne, même année.

L'année précédente avait été marquée par un événement qui avait rempli de joie l'âme du pieux suffragant. Après avoir assisté, quatre ans auparavant, à la pose de la première pierre de la chapelle de Lorette, à Porrentruy, le suffragant était appelé le lendemain du dimanche *in Albis* (1637) à procéder à la consécration solennelle de ce pieux ex-voto du magistrat de cette ville miraculeusement délivrée des Suédois qui allaient la saccager (25 mars 1634). Une foule immense était accourue de la ville et des environs pour cette imposante cérémonie, que présidait Son Altesse J.-C. de Roggenbach, avec toute sa cour et la magistrature de Porrentruy.

Le lundi précédent, Henrici avait confirmé, dans l'église paroissiale de cette ville, 1094 personnes, puis 1070 le mardi, et le mercredi 18 aux Annonciades.

Le lendemain de la consécration de Notre-Dame de Lorette, nouvelle confirmation : 284 confirmés.

Une autre fête, non moins chère au cœur du suffragant, eut lieu à Porrentruy le 23 mars 1639. Après deux ordinations faites, l'une à Fribourg, l'autre à Porrentruy, il avait la joie d'assister, avec le Rme abbé Fintan, de Mariastein, le nonce apostolique Frédéric Borromée, patriarche d'Alexandrie, dans la cérémonie émouvante du sacre épiscopal de S. A. le prince de Roggenbach, dans l'église des Jésuites à Porrentruy.

Le dimanche *Lætare* avait été bien choisie pour la fête. Ce fut, en effet, une joie immense et générale. *Quod felix faustumque sit!* ajoute le suffragant de sa plus belle écriture [1].

Ce vœu devait se réaliser, non seulement pour le nouvel évêque, mais aussi pour une pieuse nièce, Jeanne

1. *Syllabus Ordin.*, 1639.

Françoise Litzler, de Fribourg, que le suffragant fut heureux de voir entrer chez les Ursulines de Porrentruy. Elle y prit l'habit, sous les yeux de son oncle, le 12 avril 1659, et y passa quarante-six ans dans l'exercice des fonctions de supérieure, d'assistante et de maitresse des novices [1].

Dès qu'il eut reçu l'onction qui fait les évêques, le prince de Roggenbach, dont le zèle pieux ne le cédait pas à la bonté qui faisait le fond de sa nature, voulut exercer lui-même dans son diocèse les fonctions pontificales. Il était d'ailleurs d'une constitution heureuse et forte, et, âgé seulement de quarante-six ans, il devait atteindre sa soixante-seizième année.

D'un autre côté, le besoin d'action du nouvel évêque venait à son heure. Le suffragant allait rapidement vers sa fin. Plus que sexagénaire, il sentait, écrit-il, ses forces s'en aller. Il voulut du moins clore sa carrière si bien remplie par une œuvre à laquelle il consacrait depuis plusieurs années tous ses rares loisirs.

Retiré à Fribourg, il mit la dernière main à son *Irenicum catholicum*. Mais pour le livrer à l'impression, il lui fallait faire des avances au libraire ou plutôt à l'imprimeur.

C'est à cette fin, comme aussi pour payer sa pension à son beau-frère (Litzler), de Fribourg [2], auquel il devait à la fin de mars 1657 quelques centaines de florins [3], que nous le voyons réclamer du prince de Roggenbach ses arriérés, puis le montant de sa pension annuelle, telle que Rome l'avait fixé en l'élevant, comme suffragant, à la dignité épiscopale.

Déjà en septembre 1652, après règlement de compte avec Son Altesse alors régnante, il revenait à Henrici 1460 florins. Le 18 février 1654, S. A. écrivait au

1. *Annales des Ursulines* : Vies des Sœurs décédées.
2. *Gegenbericht*, Kasse *Suffragants*.
3. Id., ib.

suffragant qu'en lui envoyant 400 ff, c'était tout ce qu'on avait pu ramasser pour le moment et qu'on lui enverrait le reste de sa pension (traitement) dès qu'on le pourrait.

En 1657, Henrici se plaignait à l'ancien chancelier de l'évêché de ce que les serviteurs de Son Altesse recevant régulièrement leur salaire, « ce que je leur souhaite de tout cœur », ajoute-t-il, lui seul on le laissait en arrière. « Il semble cependant, continue Henrici, qu'un suffragant, par l'éminence de ses fonctions, est bien le premier serviteur de son évêque, lui, son vicaire *in pontificalibus*, lequel a si souvent à faire des démarches et des voyages coûteux, comme je suis prêt à le faire aussi longtemps que Dieu m'en donnera la force avec la santé ».

En réponse à de si justes réclamations, le prince de Roggenbach conclut, le 7 avril 1657, un accord (*Vergleich*) avec le suffragant, de la teneur suivante :

1° En servant pendant vingt-trois ans quatre princes-évêques, on n'a pas payé au suffragant la moitié de son traitement (pension). Bien plus, il a dû en avancer une partie au prince d'Ostein, qui lui a fait, en 1639, une obligation de 1000 florins. Son successeur, de Ramstein, en 1644, lui en a fait une de 1500 florins. En 1649, troisième obligation, celle-ci de 1000 florins, en tout 3500 florins (*gulden*). Le suffragant renonce aux intérêts pour le passé, et Jean Conrad s'engage à les lui payer à dater de 1657.

2° Sur sa pension de suffragant, il revient encore à Henrici 2311 florins, que le prince payera peu à peu, sinon il lui en dressera une constitution.

3° La pension fixée par le pape étant de 300 ducats d'or de la Chambre apostolique, cela fait 200 ducats du pays, c'est-à-dire 800 ff, qui seront payés par quarts chaque année au suffragant »[1].

1. Archives de l'ancien Evêché de Bâle, liasse *Suffragants*.

Suivent, en cire rouge, les sceaux et les signatures de Jean Conrad et de Thomas Henrici. Le sceau de ce dernier représente une bible surmontée d'un ciboire.

Malgré cette convention, le suffragant, dont nous venons de voir le noble désintéressement, avait peine à recevoir ce qu'elle lui promettait. Le 19 février 1660, le prince de Roggenbach envoyait par son frère, le commandeur, 100 ff au suffragant sur un quart de traitement, en s'excusant « de ne pouvoir envoyer le tout (200 ff), vu les peines infinies qu'on a de faire rentrer les sommes dues à la caisse de l'évêque ».

Cet aveu du prince nous apprend, une fois de plus, les efforts que demanda, au sortir des désastres de la guerre, la reconstitution des finances dans les états de l'évêché de Bâle, ce qui n'empêcha pas Henrici, qui sentait sa fin approcher, de se hâter de publier son dernier ouvrage. C'était comme le chant du cygne.

Le pieux et savant auteur de l'*Irenicum catholicum* dédie son livre à son très illustre protecteur « le prince Frédéric, landgrave de Hesse, cardinal de la sainte Eglise romaine, grand'maitre de l'ordre de saint Jean en Allemagne, comte de Katzenellenbogen, Dietz, Ziegen heimb, Nidda, Isenburg et Budingen, etc. ».

A quel titre Henrici va-t-il lui dédier son ouvrage? Lui-même nous le dira. « Le but de ce modeste travail, dit-il au cardinal, ne peut qu'être béni de votre zèle ardent pour les intérêts de l'Eglise catholique. Bien qu'écrit en langue vulgaire (en allemand) en faveur de quiconque n'a pas étudié les belles-lettres, néanmoin il peut servir aussi à éclairer tout lettré, et même tout prédicant, qui voudra de bonne foi ouvrir les yeux à la lumière, et suivre l'éclatant exemple que vous avez donné ».

Cet exemple, le sage écrivain se plait à le rappeler. « Le cardinal de Hesse, né le 9 mars 1616 du prince Louis, landgrave de Hesse-Darmstatt et de la princesse Elisabeth de Brandebourg, qui avaient élevé leur fils dans les erreurs de Luther, a su se faire instruire de la vérité catholique à Rome même, où, abjurant de bouche et de cœur l'hérésie luthérienne, il a fait profession publique et solennelle de la foi catholique, entre les mains du pape Urbain VIII, en 1637, le jour de l'Epiphanie, aux applaudissements et à la grande édification d'une foule innombrable ».

L'auteur rappelle en outre comment le jeune prince, à l'âge de 24 ans, nommé général des galères de Malte, s'est montré digne de cet honneur, digne de sa devise *Pro Deo et Ecclesia*, en enlevant aux Turcs, dans le port de la Goulette, en 1640, six grands vaisseaux de guerre, amenés à Malte à la grande admiration de tous, victoire dont le souvenir est gardé à Rome par les drapeaux pris à l'ennemi et suspendus dans la basilique de Saint-Pierre par ordre du pape. « Aussi, témoin de votre gloire et de vos mérites, le pape Innocent X n'a pas hésité, en accédant au vœu de l'empereur Ferdinand III, à vous élever, le 19 février 1652, à la haute dignité de cardinal de la sainte Eglise romaine ».

En félicitant le cardinal du bonheur qui lui a été donné de voir, à son exemple, revenir à la foi catholique la duchesse de Neuenbourg, fille de la femme du frère du cardinal, ainsi que les princes George Christian de Hesse-Hombourg et Ernest de Cassel, avec son épouse et sa famille, Henrici lui offre l'hommage de sa reconnaissance et de sa parfaite soumission.

Cette dédicace est datée de Fribourg, 26 avril 1659.

Dans sa préface, Henrici avise le lecteur que, s'il publie son livre en allemand, c'est dans la pensée d'être utile, moins au savant qu'à l'homme du peuple, qui voudra sérieusement et loyalement s'instruire de la vérité catholique. « N'y eût-il qu'une seule âme, dit-il, au retour, à la conversion, au salut de laquelle aura contribué cet ouvrage, que je n'aurais qu'à bénir mille fois le ciel de mon labeur ».

« D'ailleurs, ajoute-t-il, c'est ma confession de foi, que je rends publique avant qu'il plaise à Dieu de me rappeler de cette vie. Car ma fin approche, ainsi que m'en avertissent et les infirmités qui m'accablent surtout depuis un an, et mes années qui vont au-delà des soixante ». Cette profession de foi, Henrici l'adressait, ou mieux la léguait « à tout esprit vraiment ami de la paix religieuse et désireux d'y travailler ».

Écrit d'une main ferme et douce, car l'auteur affirme qu'il a eu soin d'éviter « tout langage, toute expression de nature à blesser qui que ce soit », ce livre fut approuvé et hautement loué par les PP. Jésuites Burghaber, Peier et Schirmbeck, tous trois docteurs et professeurs de théologie à l'université de Fribourg, qui le déclarent « très utile tant pour affermir les catholiques dans la vraie foi que pour y ramener ceux qui sont dans l'erreur ».

L'ouvrage se divise en trois parties[1]. La première traite des articles de foi contenus dans la Confession d'Augsbourg, et qu'enseigne en tout ou en partie l'Église romaine. Dans la seconde, l'auteur réfute victorieusement toutes les objections soulevées, « sans raison », comme il le dit, contre l'enseignement de l'Église, et fortifie cet enseignement par les plus solides preuves (messe, sacrements, célibat ecclésiastique, vœux religieux, pouvoir épiscopal, indulgences, purgatoire, invocation des saints, etc.).

La troisième partie fait vivement ressortir, en vingt-cinq chapitres, la contradiction qui existe sur une foule de points entre la formule de foi d'Augsbourg et l'enseignement actuel des adversaires de l'Église.

Conclusion : Par dix raisons évidentes, l'auteur démontre « à tous les partis » qu'ils peuvent et doivent

1. En voici le titre *in extenso* :
Irenicum catholicum, oder Allgemeiner Religions-Frid, das ist kurtze und nicht allein in der H. Göttlichen Schrift, sondern auch in der Augsburg'schen Confession gegründte Beweysung, dass alle so zu dieser sich bekennen, mit der Römischen Kirchen einen beständigen durchgehenden Friden in Glaubenssachen auffrichten sollen. — So allen Fridliebenden Hertzen fürgestellt. — Thomas Henrici, Bischoff zu Chrysopolis, Fürstl. Hober Stifft Basel Weybischoff und Thumb Decan. — Freyburg. Theodor Meyer, 1659. In-4° de 560 pages, avec frontispice et le portrait du cardinal de Hesse.

faire une paix durable avec l'Église romaine. Il y va de leur salut, de l'honneur, de la vérité et de la victoire de la chrétienté sur les Turcs et les ennemis du nom chrétien.

Vrai monument de science profonde et de rigoureuse logique, le livre d'Henrici, aussi actuel de nos jours qu'au siècle où il le publia, met le comble à la gloire de l'évêque de Chrysopolis. Il semble avoir épuisé, en l'achevant, *pro Deo et Ecclesia*, ses forces défaillantes.

Après ce dernier effort de son zèle, le pieux suffragant ne songea plus qu'à se préparer, par le recueillement et la prière, à une sainte mort. Attendue et désirée, elle ne tarda pas d'arriver.

Le 20 février 1660, le prince de Roggenbach écrivait au syndic Schütz, à Fribourg, qu'il venait d'apprendre la grave et menaçante maladie du suffragant. « Que la divine bonté, ajoutait-il, fasse tourner à bien cet événement qui nous est très pénible. Allez de notre part exprimer au malade notre vive condoléance avec nos vœux pour le rétablissement de sa santé. Annoncez-lui que les 100 fl, qui restent sur son dernier trimestre, vont lui être envoyées sans retard. Si, contre notre espérance, l'insondable volonté de Dieu vient à rappeler à lui notre cher malade, vous êtes tout qualifié pour prendre, en ce cas, toutes les mesures nécessaires » [1].

Cette lettre, à la fois si paternelle et si amicale, ne fut plus connue du pieux suffragant. Il venait, le [illegible] février 1660, de rendre à Dieu sa belle âme. *Piissime obiit in Domino* [2].

Le 25 février suivant, Son Altesse écrivait au statthalter du Haut-Chapitre à Fribourg, que, vu le décès « du vénérable et bien-aimé suffragant Thomas, que sa divine Bonté veuille bien placer en l'autre vie et lui préparer une joyeuse résurrection », un inventaire allait être dressé des objets et de l'argent laissés par le défunt

1. Archives de l'ancien Évêché, liasse *Suffragane*.
2. *Syllab. Ordin.*, ad annum 1660.

à la Cour (de Porrentruy). Le prince ajoutait « qu'il n'avait pas besoin du cheval ni de la voiture du défunt, que d'ailleurs il n'aurait pas le moyen de payer comptant, mais qu'il voulait savoir le prix de ses ornements pontificaux, pour voir s'il pourrait les acheter » 1.

Pas riche, on le voit, Son Altesse le prince-évêque de Bâle en l'an de grâce 1660!

Par contre, cette lettre nous apprend que, sans être riche, loin de là, le suffragant Henrici, que nous avons vu parcourir l'Alsace à pied, s'était vu dans la nécessité, au déclin de ses ans, de se procurer cheval et voiture pour les voyages fréquents que lui imposaient ses devoirs de suffragant de l'évêché de Bâle.

Pour achever cette notice et la compléter, nous avons pris la liberté de demander, mais en vain, à l'archevêché de Fribourg les renseignements suivants:

1° Dans quelle église de Fribourg a été inhumé le corps de Thomas Henrici?

2° Y voit-on une tombe ou un monument funéraire, avec inscription? Quelle est cette inscription?

3° La famille de son beau-frère existe-t-elle encore?

4° Henrici a-t-il fait un testament? En connait-on la teneur?

5° Existe-t-il une notice biographique allemande sur Thomas Henrici?

Ces détails, on le voit, ne seraient pas sans intérêt. Nous regrettons de ne pouvoir les donner.

Dans la collégiale de Saint-Ursanne, l'anniversaire du prévôt Henrici avait lieu en décembre avec une messe de *Beata*. Il est à croire que la collégiale de Colmar célébrait de même l'anniversaire du suffragant Henrici, et sans doute aussi le chapitre de Moutier-Grandval, dont il avait été membre jusqu'en 1657, année où il avait résigné sa libre prébende en faveur

1. Archives de l'ancien Evêché, liasse *Suffragant*.

du vicaire général Caspar Schnorff[1], qui devait lui succéder comme suffragant.

Note sur le cardinal Frédéric de Hesse[2].

Le *Kirchenlexicon* fixe la date de sa naissance au 28 février 1616. Nous croyons le contemporain Henrici, qui la place au 9 mars, comme nous l'avons vu, mieux renseigné.

Parti pour Paris en 1632, Frédéric de Hesse était à Rome en 1635. Trois mois après son abjuration, il fut reçu chevalier de Malte, et prit part en cette qualité à 21 expéditions contre les Turcs. Il était amiral de la flotte de l'ordre, lorsqu'il en fut nommé grand'maître pour l'Allemagne. Nommé, en 1666, par Léopold Ier cardinal-procurateur à Rome pour la nation d'Allemagne, il fut élu par le chapitre de Breslau évêque de ce diocèse en 1671. Il mourut dans cette ville le 13 février 1682, après avoir favorisé avec zèle l'établissement des PP. Capucins et des PP. Jésuites dans son diocèse.

XXV.

Caspar de Schnorff, évêque de Chrysopolis (1662-1704).

Dès le 24 mai 1660, trois mois après la mort de son prédécesseur, Caspar de Schnorff, âgé de 34 ans, chanoine de la cathédrale de Bâle. et depuis trois ans official, figure comme suffragant de l'évêché de Bâle. C'est en cette qualité qu'il accompagne, à la date que nous venons d'indiquer, le prince-évêque Jean Conrad de Roggenbach dans la cérémonie touchante où Son Altesse bénit la première pierre de l'église des PP. Capucins, appelés à Porrentruy déjà en 1588 par le prince de Blarer, mais établis définitivement dans cette ville

1. Cfr. F. Chèvre, *Notice sur Moutier-Grandval*, pp. 82 et 84.
2. *Kirchenlexicon*, art. Friedrich, Landgraf von Hessen-Darmstatt.

en 1636. Caspar de Schnorff aimait les bons Pères. Il voulut faire faire de ses deniers la chaire de leur modeste église.

Cependant le chanoine de Schnorff n'était encore que suffragant élu. Son sacre n'eut lieu que le 8 janvier 1662.

Originaire de Baden, en Suisse, alors du diocèse de Constance, Caspar de Schnorff appartenait à une famille distinguée autant par sa piété que par sa noblesse et sa fortune. Sébastien Henri de Schnorff, chanoine de la collégiale de Zurzach, en fut le custode, puis le prévôt en 1767. Bonaventure Schnorff, de la même famille, profès à Einsiedeln en 1675, mourut prévôt de Fahr-sur-la-Limmat. Mathilde de Schnorff, aussi de Baden, fut abbesse des Bénédictines de Hermetschwyl (Argovie) de 1716 à 1753[1]. Son frère, Joseph François Mercure de Schnorff, docteur en théologie, fut chanoine et prévôt du chapitre de Moutier, et mourut grand-doyen de la cathédrale en 1750. Il était le neveu de l'archidiacre et vicaire général Henri Sébastien Schnorff, mort en 1703. Deux autres Schnorff, Joseph Charles et Nicolas Valentin, ce dernier chanoine de la cathédrale, furent, également au XVIIIe siècle, chanoines du chapitre de Moutier-Grandval[2].

Né d'une famille aussi chrétienne, on comprend que Caspar de Schnorff ait su joindre à la science théologique une vraie piété, ce qui lui valut, jeune encore, d'être appelé à la dignité de chanoine à la cathédrale, en même temps qu'il était successeur du résignataire Thomas Henrici, en 1657, dans la libre-prébende de Moutier-Grandval, en qualité d'official du diocèse.

Plus tard, nous le verrons, en 1679, archidiacre de la cathédrale et grand-doyen en 1691[3].

1. MÜLINEN, *Helvetia sacra*, passim.
2. CHÈVRE, *Notice sur Moutier-Grandval*, 84, 88.
3. Id., loc. cit. Le doyen du Haut-Chapitre en était le second dignitaire. Le premier était le prévôt. (Statuts du chapitre aux Archives de l'évêché de Bâle).

En attendant l'heure de son entrée en fonctions comme suffragant, on a plaisir à voir le prince de Roggenbach les remplir lui-même. Il se souvenait qu'avant d'être prince il était évêque, et qu'il n'était prince que parce qu'il était évêque. Combien n'est-il pas à regretter que plus d'un de ses prédécesseurs ait oublié ou méconnu ce principe élémentaire!

Ainsi nous le voyons, le 28 septembre 1659, consacrer de ses mains l'église des Capucins de Landser avec ses trois autels, et confirmer 938 personnes.

Le 6 août 1660, il réconcilia, à Laufen, l'autel de la sainte Vierge dans l'église Saint-Martin hors de la ville, puis les trois autels de l'église de Dittingen comme aussi l'autel de saint Oswald à Nentzlingen, où il bénit une cloche. Le 1er novembre suivant, il est à Saint-Ursanne, où il donne la confirmation, puis à Saignelégier, où il réconcilie l'autel de la chapelle de saint Charles Borromée. Le 27 mars 1661, il consacre l'église de Reinach.

Et pendant tout ce temps (trois ans), il fait seul toutes les ordinations dans la chapelle de son château à Porrentruy.

Au reste, son suffragant une fois en fonctions, le bon évêque, loin de rejeter sur lui toute la charge épiscopale, en prendra encore sa large part, aussi longtemps que ses forces le lui permettront. Jusqu'en 1682, c'est-à-dire jusqu'à sa soixante-sixième année, un grand nombre d'ordinations seront faites par lui. Puis nous le verrons, en 1666, après avoir béni le nouvel abbé de Bellelay, consacrer la chapelle de saint Eloi à Klein-Blauen; en 1669, réconcilier un autel à Chaveney; confirmer à Lupach, en 1670; la même année consacrer l'église de Beinwyl, confirmer à Zwingen, bénir une cloche à Porrentruy pour Pfetterhausen, consacrer une chapelle à Foussemagne, confirmer à Montreux et y bénir une cloche pour Suarce.

L'année suivante, Jean Conrad consacre l'autel de saint George dans l'église de Delémont, puis trois autels dans celle de Porrentruy. Le 20 novembre 1672, il consacre l'église d'Aesch avec ses trois autels, et le lendemain il bénit là quatre cloches, une pour Aesch, deux pour Pfeffingen et une pour Oberweiler.

En 1676, à la fête de sainte Madeleine, Son Altesse consacre l'église des Capucins à Dornach ; le surlendemain, il bénit deux cloches à Arlesheim, l'une pour Reinach, l'autre pour Dornach ; puis il donne la confirmation à Zwingen. Le 13 juin 1679, le prince de Roggenbach confirme 1066 personnes dans l'église paroissiale d'Altkirch, et le lendemain environ 2000 dans l'église de Saint-Morand. En 1681, il bénit deux cloches, l'une pour Köstlach, l'autre pour Hirzbach. Le 26 octobre suivant, il a la joie de consacrer, au milieu de son chapitre revenu de Fribourg en 1678, sa nouvelle cathédrale à Arlesheim, et d'y installer définitivement le Haut-Chapitre. Quelques jours après (16 novembre), assisté des R^mes prélats de Bellelay et de Notre-Dame de la Pierre, il bénit solennellement, dans l'église du collège à Porrentruy, le R^me Charles de la Grange, abbé élu de Munster au Val-Saint-Grégoire.

En 1683, il bénit deux cloches pour Seppois-le-Haut. Le 29 septembre de la même année, Jean Conrad consacre un autel à la chapelle de Miserez, où il confirme 600 personnes. Le 11 novembre suivant, il bénit dans la chapelle de son château huit autels portatifs. Le mardi de Pentecôte, 23 mai 1674, l'évêque Jean Conrad fait encore la dédicace solennelle de l'église de Courtavon, dans laquelle il consacre trois autels[1]. Le bon prince était alors dans sa soixante-huitième année !

On voit que, s'il ne négligeait rien pour la prospérité temporelle de ses États, il savait être, pour le spirituel, évêque aussi zèlé que bon prince. Nous devions à sa douce mémoire cette page de reconnaissance et

1. Tous ces détails sont tirés du *Syllabus sive Protocollum Ordinandorum*, aux archives de l'ancien évêché de Bâle.

d'éloges, car l'*Histoire des évêques de Bâle* présente, à l'égard de ce prince comme à l'égard de beaucoup d'autres, une lacune regrettable, due à l'intention de l'auteur de mettre en évidence bien plus le prince que l'évêque.

Ce fut l'évêque Jean Conrad qui donna le sacre épiscopal à son suffragant le 8 janvier 1662. La cérémonie eut lieu dans l'église paroissiale de Delémont. Le noble consécrateur, accompagné du vicaire général Florian Rieden, était assisté des R^mes^ abbés de Lucelle et de N.-D. de la Pierre, l'historien Bernardin Buchinger, de Kientzheim, et Fintan Kiefer, de Soleure, le dernier abbé de Beinwyl et le premier de N.-D. de la Pierre[1]).

Le lendemain, l'évêque de Chrysopolis inaugurait son ministère en donnant la confirmation à 86 personnes dans l'église de Delémont. Ensuite, le 3 et le 4 mars, il faisait sa première ordination à Porrentruy dans la chapelle du château, où il donnait la prêtrise à deux Bénédictins et à cinq Capucins. Les quatre ordinations suivantes eurent lieu dans la chapelle du prince à Delémont, où résidait le suffragant Schnorff, en sa qualité de chanoine de Moutier-Grandval[2]).

La même année, le dix-septième dimanche après la Pentecôte, l'évêque de Chrysopolis consacre la nouvelle église de saint Georges à Montsevelier, après avoir fait preuve de fermeté en privant de son bénéfice le curé du Nairmont, Jean Vuillet, convaincu de désordres.

En 1663, nous trouvons le suffragant Caspar à Altkirch, où il fait l'ordination *Sitientes* : quatre mineurs, cinq sous-diacres, sept diacres et quatre prêtres, parmi lesquels Wolfgang Jacques de Staal, chanoine de Moutier-Grandval. Le 22 août suivant, il est à Marbach, où il

1) *Syllabus Ordin.*, ad annum 1662. Le prince Jean Conrad avait invité à Delémont pour la cérémonie deux frères du suffragant, l'un sous-bailli *(Untervogt)* à Baden, l'autre commandeur à Brugg. (Arch. de l'évêché de Bâle.

2) Il était aussi chanoine de la collégiale de Colmar. *Syllabus*, ad annum 1662.

procède à la réconciliation des autels de l'église et des chapelles de ce monastère, profanés par les incursions des dernières guerres[1].

Une seconde ordination, faite par le suffragant dans l'église d'Altkirch, eut lieu aux Quatre-Temps de la Pentecôte de la même année. Ce fut la dernière ordination faite hors de Porrentruy, sauf encore l'une ou l'autre à Delémont, dans l'église des Capucins. Dans les ordinations de 1663 et de 1664, nous remarquons, entre autres, Jean Adam Gasser, de Masevaux, Jean Glatter d'Ensisheim, François du Lys, de Thann, chanoine de Saint-Théobald, Jean Théobald Pastor, de Thann, Matthieu Biedermann, de Cernay, Jean Conrad Keller, de Guebwiller, Jacques Stoppel, de Colmar, Jean Michel Fuess, de Rouffach, etc.

Le 29 septembre 1664, fête de saint Michel, le suffragant Caspar consacre la nouvelle et première église de Saint-Joseph, aux Breuleux, paroisse de création récente[2].

Les Prémontrés de Bellelay venaient de perdre leur 34e Rme abbé, Jean Pierre Cuenat, de Cœuve, l'année où il avait ses cinquante ans de profession. Il fallait lui donner un successeur. L'évêque de Bâle avait des droits, comme prince, à sauvegarder dans cette élection. Il y envoya son suffragant, qui eut à présider le scrutin, d'où sortit, le 11 mars 1666, le nouveau prélat Georges Schwaler, d'une famille noble de Soleure[3], lequel fut solennellement bénit par Son Altesse, assisté du suffragant, le dimanche *Lætare* qui suivit l'élection.

L'année après, le 11 novembre, Caspar Schnorff consacre l'église de saint Sébastien, rebâtie à Boncourt par les soins du R. P. de Bellelay, Conrad Vogelsang,

1. Procès-verbal aux archives du Haut-Rhin.
2. *Syllabus ordin.*, ad annum 1664.
3. Ibid., ad annum 1666. Saucy, *Histoire de Bellelay*, 170.

de Soleure, alors curé de cette paroisse, en même temps que de Bassecourt.

Un neveu du suffragant aspirait à l'état ecclésiastique. Son oncle eut la satisfaction de lui donner la tonsure, le vendredi 18 avril 1668. C'était Sébastien Henri de Schnorff, qui mourut, en 1703, vicaire général de l'évêque de Bâle.

Une tournée de confirmation fut faite en Alsace, en 1670, par le suffragant Schnorff, comme l'attestent les archives de Ribeauvillé (24 août) [1].

En 1675, nous voyons le suffragant, nous ignorons pour quel motif, faire l'ordination de Carême dans l'église des Capucins à Delémont; puis celle du Samedi-Saint à Porrentruy. Rappelons, en passant, quelques noms des ordinations faites pendant la période de 1665 à 1675. Nous citerons, en particulier, les noms suivants: Laurent Haupt, de Colmar; Jean Sattler, de Rouffach; Jean François Keller, de Guebwiller; Nicolas Jordan, de Häsingen; Jean Jacques Vogel, de Masevaux; Jean Beck, de Rixheim; Frédéric Lammer, d'Ensisheim; Henri Freitag, de Häsingen; Jean Michel Stromb, de Thann; François Nicolas Rothbletz, de Guebwiller; Valentin Düring, de Ligsdorf; Jean Maurer, de Dirlingsdorf; Michel Gesell, d'Eguisheim; Nicolas Martin, de Pfetterhausen; Mathias Vögeli, de Kaysersberg; Christophe Kuenz, d'Ensisheim; Jean Werner Mahler, chanoine de Moutier-Grandval; Jean Jacques Rosengart, d'Altkirch; Michel Schön, de Masevaux; Georges Guillaume Schüelin, d'Ensisheim; Jean Georges Sengelin, de Hirzbach; Rodolphe Henri Eberitz, de Guebwiller; Jean Melchior Textor, de Thann; Georges Siegler, de Soultz; Jean Danser, de Colmar; les jésuites Jean Michel Schreiner, d'Ammerschwihr, et Henri Keller, de Brunstatt; Georges Münch, de Zimmersheim; Humbert Willeman, de Rouffach, chanoine à Lautenbach;

1. Communication de M. E. Hans, recteur de Bergheim. *Urkundenbuch der Pfarrei Bergheim*, p. 306.

les chanoines de Saint-Ursanne François Ferdinand Belleney, de Porrentruy, et Erhard Théobald Schütz, de Pfeilstatt, docteur en droit; Jean Weiss, de Bergheim; Léonard Vögtlin, de Muespach; Béat Jacques de Hertenstein, chanoine de Moutier-Grandval; Jean Claude Baller, Nicolas Zoller et Bernhardt, de Masevaux; maître Jean Caspar Marstaller, de Bartenheim; Joseph Miller, de Niedermorschwihr; Jean Jacques Pippion, de Rouffach; Jean Nicolas Genger, de Thann; Léonard Walter, de Ballersdorf; Jean Bernard Guetmann, de Thann; en outre un grand nombre de religieux de Marbach, de Rouffach, d'Isenheim, etc.

A N.-D. de la Pierre, le R^me abbé Fintan, de glorieuse mémoire, ayant résigné sa charge en faveur d'un coadjuteur, il fallut bénir le nouvel abbé, Augustin Renk, de Rickenbach (Saint-Gall). Ce fut la tâche du suffragant Schnorff, qui s'en acquitta avec bonheur le mardi de Pâques 1676. Il fut assisté dans cette cérémonie par le R^me abbé émérite Fintan Küeffer et l'abbé du Val-Saint-Grégoire, le R^me Charles Marchand[1].

Le 23 septembre de la même année, l'évêque de Chrysopolis administre le sacrement de confirmation à Saint-Ursanne, d'où il gagne Saignelégier pour y consacrer, le lendemain, l'autel du saint Rosaire et y confirmer, puis, le 25 septembre, consacrer à Saint-Brais l'autel de saint Brice, du côté de l'Evangile, et donner la confirmation à 32 personnes. Deux jours après, confirmation de 524 fidèles à Delémont.

Welschrohr avait, en 1697, une église neuve. A la fête de saint Michel, le suffragant en fait la consécration en l'honneur des saints Théodule et Antoine de Padoue. Il confirme là 545 personnes, et se rend à Olten, pour y consacrer l'autel de la sainte Vierge et confirmer 454 personnes.

1. *Syllabus ordin.*, ad annum 1676.

En 1679, après la paix de Nimègue, nouvelle tournée en Alsace, et nouvelle confirmation à Ribeauvillé[1].

Deux ans après, il est aux côtés de l'évêque de Bâle, consacrant, comme nous l'avons dit, la nouvelle cathédrale élevée à Arlesheim aux frais de la caisse des Etats de l'évêché[2].

Le surlendemain, il accompagne Son Altesse dans l'imposante cérémonie de la translation du corps de saint Vital, martyr, de l'église paroissiale d'Arlesheim à la cathédrale. L'évêque de Bâle avait pour cortège dans cette circonstance tous les chanoines de sa cathédrale, en outre les abbés de Bellelay et de Mariastein, et vingt-deux prêtres en dalmatiques ou en surplis, chantant et portant diverses saintes reliques. En tête de la procession, les PP. Capucins de Dornach avec leur croix et quinze bannières de diverses paroisses, l'ensemble de la procession dirigée par les PP. Jésuites Jodoc Am Rhyn, confesseur de Son Altesse, et le supérieur de Saint-Morand. Ensuite, à la cathédrale, office pontifical célébré par Son Altesse assisté des R^mes abbés de Mariastein et de Bellelay[3].

Le suffragant Schnorff avait travaillé activement à l'élaboration de nouveaux statuts pour le Haut-Chapitre. Cet statuts prévoient dix-huit prébendes canoniales, dont l'une est la libre-prébende réservée à la nomination de l'évêque. Les dignitaires du Chapitre, à commencer par le plus élevé, se trouvent mentionnés dans l'ordre suivant : le prévôt, le doyen, le grand-chantre, le custode et le cellerier, dont les attributions respectives sont nettement déterminées[4].

Ce n'est pas ici le lieu d'entrer dans ces détails. Ils appartiennent bien plus à l'histoire générale de

1. Archives de Ribeauvillé et de Bergheim.
2. Archives de l'évêché de Bâle.
3. *Syllabus ordin.*, p. 41.
4. Archives de l'évêché de Bâle.

l'évêché qu'à une notice biographique sur le suffragant. Ce qui est plus spécial à notre sujet, c'est de rappeler qu'à dater de la consécration de la cathédrale de Bâle à Arlesheim, bon nombre d'ordinations se font dans ce village par le suffragant, qui avait là, comme chanoine et archidiacre, lui aussi sa nouvelle résidence. Nous pouvons aussi mentionner en ce moment un certain nombre d'ecclésiastiques ordonnés de 1675 à 1685 par l'évêque de Chrysopolis. Tels sont, dans le nombre, ceux dont les noms suivent, année par année :

Jean Michel Martrung, de Masevaux ; François Joseph de Roll, chanoine de Freisingen ; Elie Schicklin, d'Ensisheim ; Christophe Remacher, de Masevaux ; Arbogast Ringgenbach, de Sewen ; Jodoc Schultheiss, de Brunstatt ; Jean Fritscher, d'Altkirch ; Jean Jacques Finck, de Thann, chanoine de la collégiale de cette ville ; Jean Louis Müller, d'Ensisheim ; Jean Michel Bethauser, de Masevaux ; Chrétien Schlienger et Adam Ehrmann, de Hochstatt ; Thomas Kæuflin, de Sierenz ; Guillaume Louis Eris, d'Ensisheim ; Quirin Ferch, de Thann ; Amarin Rinck de Baldenstein, bénédictin à Murbach ; Jean Georges Gogolin, de Blotzheim ; Michel Hueber, de Rouffach ; Jean Weyl, de Turckheim ; Jean Théobald Ruest, de Hirzbach ; Jean Jacques Haas, de Masevaux, chanoine à Saint-Ursanne ; Frédéric Menweg, de Ferrette ; Jean Théobald Schmidtlin, de Cappelen ; Jean Théobald Keller, de Flaxland ; Jean Théobald Herman, de Soultz ; Jean Henri Meng, de Masevaux ; Jean Théobald Pfister, d'Altkirch ; Jean Georges Göpfert, de Landser ; Jean Womoter, de Ballersdorf ; Mathieu Schultheiss, de Thann, etc., sans compter les religieux des divers couvents du diocèse de Bâle.

Le 2 juin 1685, le suffragant Caspar, après avoir réconcilié un autel et en avoir consacré deux à Hundsbach, y confirmait 335 personnes. Dans l'après-midi du même jour, il consacrait l'église de Walbach avec ses trois autels et y bénissait deux cloches. Le lendemain, il consacrait un autel dans l'église d'Altkirch, et le 4 juin il confirmait à Saint-Morand 2081 personnes. Le même jour, il réconciliait un autel à Illfurth, et en consacrait un autre en l'honneur de N.-D. du saint Rosaire. Encore le même jour, à Niederspechbach, il consacrait l'église de saint Georges avec ses trois autels. Il consacrait de même, le 5 août suivant, l'église de Ballersdorf avec ses trois autels, puis réconciliait, le même jour, un autel à Hirsingen. A toutes ces stations, la confirmation était donnée.

Au mois d'août 1686, l'évêque de Chrysopolis fit une tournée pro-épiscopale en Alsace dans l'ordre suivant, consigné au Registre des ordinations[1].

Kembs, bénédiction de deux cloches, l'une en l'honneur de la sainte Vierge, l'autre en l'honneur de saint Barthélemy pour Ottmarsheim. Confirmés 1150.

Fessenheim, confirmation, et deux cloches bénites, en l'honneur de sainte Madeleine et de sainte Anne.

Heuteren, aussi deux cloches.

Balgau, une, Saint-Nicolas.

Hirzfelden, cloche Saint-Louis.

Münchhausen, cloche Sainte-Agathe.

Blotzheim, cloche Sainte-Catherine.

Rumersheim, cloche Saint-Aegidius (Gilles). En outre, réconciliation du maitre-autel et des autels latéraux.

Bantzenheim, réconcilié l'autel Sainte-Anne.

Brisach, nouvelle ville, consécration de l'église et de ses trois autels; de plus, église Saint-Louis de la citadelle. Confirmés 1660.

Volgelsheim, autels réconciliés (Saint-Sébastien et Sainte-Barbe).

Sainte-Croix. Consécration de l'église et de ses trois autels. Confirmés 900.

Holzweyer. Autels réconciliés : à droite celui de la sainte Vierge, à gauche celui de saint Sébastien. Cloche bénite.

Husen, réconciliation des trois autels : Saint-Maurice, Sainte-Vierge et Sainte-Croix. Cloche bénite.

1. *Syllabus ordin.*, ad ann. 1686.

Bergheim, l'église et ses trois autels réconciliés: Saint-Pierre, Sainte-Vierge, Saint-Antoine. Bénédiction d'une cloche. Confirmés 1200.

Kaysersberg, chez les Franciscains, autel consacré en l'honneur de saint Antoine.

Alspach, église consacrée et ses trois autels: Saint-Jean-Baptiste, Sainte-Vierge, Saint-Laurent. Cloche bénite. Un autel réconcilié dans le couvent. Confirmation de 600, et d'autant à

Schnierlach. Consécration d'une cloche de Sainte-Catherine à Türckheim pour Kientzheim. Confirmés 1200.

Colmar, confirmation de 877 personnes.

Rouffach, 1389 confirmés. Cloche Saint-Joseph bénite pour Pfaffenheim.

Guebwiller, 2265 confirmés.

Vieux-Thann, deux autels consacrés : Sainte-Croix et Vierge douloureuse. 1500 confirmés.

Masevaux, confirmés 500.

En 1686, ordination *Luciæ* à Arlesheim. De même en Carême et à *Sitientes* 1687, comme aussi à la fête de saint Joseph. Les autres à Porrentruy *in arce*.

Le 28 septembre 1687, consécration de l'église de Carspach : autel principal, Saint-Georges; à droite, Saint-Joseph; à gauche Sainte-Vierge et Sainte-Catherine. Aux trois autels, reliques des compagnes de sainte Ursule.

Le lendemain, consécration de l'église de Dannemarie : maître-autel Saint-Léonard; à droite Sainte-Vierge; à gauche Saint-Wendelin. Confirmés 930. Cloche bénite pour Montreux-Vieux.

Le 1er octobre, consécration de l'église de Niederburnhaupt : maître-autel Saint-Wendelin; autel à gauche idem; à droite Sainte-Vierge. Quatre cloches bénites pour Niederburnhaupt, et deux pour Giltwiller et Obersulzbach. Confirmés 342.

Le 2 octobre, consécration à Masevaux de l'abbesse Marie Jacobée zu Rhein. Bénédiction de deux cloches. Confirmés 500.

En 1680, l'abbaye de Bellelay recevait des catacombes de Rome les reliques de sainte Claire, martyre. Pour les exposer plus dignement à la vénération des fidèles, le R^me abbé Jean Georges Schwenker avait trouvé bon d'ériger une chapelle spéciale dans l'église du monastère. Le 8 septembre 1688, la chapelle de sainte Claire était achevée, et le suffragant Caspar la consacrait, avec ses deux autels, l'un de sainte Claire et l'autre de saint Augustin [1]. Puis il confirmait 1625 personnes.

Le lendemain, il se rendit aux Genevez, pour réconcilier les autels de sainte Madeleine et de sainte Anne, et consacrer l'autel de saint Joseph.

Le 6 septembre précédent, l'évêque de Chrysopolis venait de consacrer la nouvelle église de saint Nicolas à Courroux, avec ses autels latéraux, celui de la sainte Vierge, à droite, et celui de saint Apollinaire et de sainte Apollonie à gauche. Le maître-autel était dédié, non seulement à saint Nicolas, mais encore aux saints martyrs Xiste et Laurent.

Le 20 décembre 1688, le pape Innocent XI venait de repourvoir le siège de Lausanne, vacant depuis quatre ans, par la nomination de l'évêque Pierre de Montenach, jusque-là prévôt de la collégiale de Saint-Nicolas à Fribourg. L'année suivante, le cinquième dimanche après Pâques, le suffragant de Bâle lui donnait la consécration épiscopale dans cette même collégiale, assisté du R^me abbé de Bellelay, que nous venons de nommer plus haut, et du R^me abbé de Haute-Rive, le cistercien Candide de Fivrez, de Fribourg.

En 1690 et 1691, Caspar Schnorff fait la plupart des ordinations à Arlesheim, où il avait sa résidence [2].

1. Après avoir chassé les Prémontrés de leur sainte maison, en 1798, la Révolution renversa l'autel de sainte Claire. Mais de pieuses mains avaient eu le temps d'enlever hâtivement les reliques de la sainte martyre, qu'on vénère depuis 1805 dans l'église des Genevez, où elles sont même l'objet d'un pèlerinage.

2. Résidence assez rigoureuse pour que Son Altesse se vît obligé d'excuser par lettre au Chapitre le suffragant envoyé à Ottmarsheim pour l'installation d'une dame du noble chapitre. (Archives).

Il dut en sortir pour se rendre à Bellelay, en 1691, et y bénir solennellement le nouvel abbé du monastère des Prémontrés, le dimanche avant la Pentecôte. Ce Rme prélat était Norbert Périat, de Fahy, prédicateur éminent. Le suffragant était assisté, dans cette cérémonie, des abbés de Saint-Urbain et de Mariastein, le cistercien Charles Dulliker, de Lucerne, et le bénédictin Reuti, de Rickenbach.

Une cérémonie, plus imposante encore, appelait à Porrentruy le suffragant Caspar pour le 26 août 1691. C'était le sacre du coadjuteur que s'était donné, à l'âge de soixante-quatorze ans, le prince de Roggenbach, qui mourut deux ans après. Le coadjuteur avec droit de succession était Guillaume Jacques Rinck de Baldenstein, le troisième de cette noble famille élevé sur le siège de Bâle par le chapitre de la cathédrale. Un de ses parents était suffragant d'Eichstätt en Bavière. Ce fut lui qui vint sacrer, dans l'église du collège, l'évêque de Curloc, titre qui lui avait été donné par le Saint-Siège. Le suffragant de Bâle ne fut qu'assistant avec le suffragant de Constance.

Le nouvel évêque fit l'ordination de la Sainte-Croix, mais il laissa faire les suivantes par le suffragant.

En cette même année 1691, Caspar Schnorff parut à Glovelier, où il consacra la nouvelle église bâtie aux frais du collateur, le chapitre de Saint-Ursanne, pour le chœur, et de la paroisse pour la nef, l'ancienne tour restant debout. Autels consacrés : dans le chœur, l'autel de saint Maurice ; du côté de l'épitre, celui des saints anges gardiens, dont la confrérie existait dans cette église.

Bellelay, à la mort de son Rme abbé, qui n'avait fait que passer, rappelait le suffragant, non pour bénir, mais pour veiller à l'élection d'un successeur à Norbert Périat, le 29 novembre 1692. Ce successeur, nommé

1) Saucy, *Hist. de Bellelay*, 174.

par acclamation, fut Frédéric de Staal, d'une illustre famille de Soleure. A ce vote unanime et spontané, le suffragant ne put que s'écrier avec joie : « *Vox populi, vox Dei* » [1]). Le R^me prélat fut bénit à Porrentruy, la même année, avant la mort du prince de Roggenbach, qui arriva le 13 juillet 1693.

Les rapports du suffragant avec le digne successeur du « bon prince », Guillaume Jacques de Rinck, furent empreints des mêmes sentiments de part et d'autre : affection, estime et bienveillance du nouveau prince pour le suffragant, respect, obéissance et dévouement du suffragant à l'égard du prince-évêque.

En 1695, Caspar Schnorff est envoyé à Altkirch pour donner la confirmation, le 15 juillet [1]. C'était, avant la paix de Ryswick, une nouvelle tournée proépiscopale du suffragant en Alsace. En août de la même année, il confirmait à Ribeauvillé [2].

Sous le règne du prince Guillaume Jacques de Rinck, le suffragant Schnorff eut à s'occuper activement de l'élaboration d'un nouveau Rituel et d'un nouveau Propre pour le diocèse de Bâle. En 1697, ce travail, auquel concoururent les PP. Jésuites du collège de Porrentruy, était achevé. L'évêque de Chrysopolis eut la satisfaction, au soir d'une vie bien remplie, d'en voir l'impression faite par Jacques Frères.

En 1701, le suffragant de Bâle eut à régler un différend sérieux soulevé par Rebévilier contre les paroisses des Genevez. Sans entrer dans le détail de cette longue affaire, bornons-nous à dire que le suffragant en renvoya l'examen et la solution à son neveu Sébastien Henri Schnorff, alors vicaire-général du diocèse.

L'évêque de Chrysopolis, au 1er janvier 1702, avait sa place toute marquée à la fête du jubilé ou des noces d'or du prince de Baldenstein à Porrentruy. Nous

1. Reg. paroiss. de Traubach.
2. Reg. paroiss. de Bergheim.

pensons qu'il n'eut garde d'y manquer, car il avait pour le prince une affection particulière. Nous en saurions quelque chose, bien sûr, si une regrettable lacune ne venait ici nous arrêter. De 1692 à 1704, le *Syllabus Ordinatorum* a disparu des Archives de l'évêché de Bâle, ce qui nous prive de renseignements qui auraient bien leur valeur. Le *Syllabus*, qui commence en 1704, débute simplement par cette note aride :

1704, 10 junii. *R^mus D. Casparus pie in Domino obiit Arlesheimii* (p. 118). Le suffragant mourut à l'âge de 78 ans, après avoir noblement porté le poids de sa charge pendant quarante-deux ans, période qui a dépassé celles de tous les suffragants de Bâle avant et après lui[1]. Au milieu de toutes ses occupations, il ne négligeait pas sa santé. Elle demandait des soins. Sur la fin d'octobre 1663, il obtenait du prince Jean Conrad la permission d'aller faire une cure de bains à Baden, « avant l'hiver qui approchait »[2].

Même permission accordée le 10 décembre 1681. Le prince ajoutait gracieusement : « Ne vous inquiétez pas de l'ordination des Quatre-Temps prochains. Ma santé est bonne, je me charge volontiers de la faire »[3].

Le 11 février suivant, le prince Jean Conrad écrivait au suffragant pour le féliciter de l'amélioration de sa santé, tout en faisant des vœux pour son complet rétablissement. Mêmes félicitations du prince le 11 août 1683. Jean Conrad se réjouit de ce que les eaux acidulées *(Sauerbrunnen)* de Wildbach en Wurtemberg ont fait tant de bien au suffragant. Le prince attendra de ses nouvelles pour l'ordination des Quatre-Temps de septembre.

Une hernie était le mal qui inquiétait l'évêque de Chrysopolis, et qui le faisait souffrir. Le 1er juin 1704,

1. Son protecteur et ami, le prince-évêque Guillaume-Jacques, le suivit dans dans la tombe un an après (11 juin 1705).
2 Archives de l'Evêché, minute de la lettre de Son Altesse.
3. Id.

le chanoine d'Arlesheim, Jean-Baptiste de Roggenbach, écrivait à l'évêque de Bâle que la vieille maladie *(Bruch)* du suffragant le faisait souffrir cruellement et qu'il ne pouvait plus quitter le lit. Il venait de recevoir avec une grande piété les derniers sacrements qu'il avait demandés lui-même. Neuf jours après, sa fin lui valut sa délivrance.

Nous ne pouvons terminer cette notice sans donner encore quelques noms des prêtres ordonnés par l'évêque de Chrysopolis de 1685 à 1692. Nous remarquons les suivants :

Hugues François Coulon, de Guebwiller, docteur ès droits, chanoine à Saverne, puis à Saint-Ursanne; Conrad Ignace Maichenguey, docteur en théologie, et Wilhelm G. Lautery, de Thann; Christophe Schreiber, de Biederthal; Jean Matthieu Häusser et Henri François Nägeli, de Rapperschwyl; Bernard Spek, de Niedermorschwyhr; Frédéric Chrétien Lybis, de Fislis; Jean Fux, d'Ensisheim; P. Louis Laguille, jésuite; noble Jean Jacques Klinglin, docteur, d'Ensisheim, chanoine à Thann; Pierre Bittig, de Cappel; Jean Melchior Guntz, de Rouffach; Louis Cosman, de Montreux; Jean Claude Noblat, de Belfort; Jean Caspar Weber et Jean Bernard Sattler, de Thann; Jean Georges Madamé, d'Ensisheim; Jean Pierre Armspach, de Cernay; Jean Théobald Frey, de Pfaffenheim; maître Charles Boisgautier, chanoine de St-Pierre-le-Vieux à Strasbourg; Maurice Wamster, de Merxheim; Jean Pierre Macherer, de Habsheim; F. Benoit de Schönau, bénédictin à Murbach, et huit autres frères de la même abbaye; F. Joseph Antoine Preiss, augustin à Marbach; François Betscha, de Köstlach; François Jacques Reich de Reichenstein, chanoine de la cathédrale de Bâle; maître François Dufieff, de Brisach, jésuite; F. Franz Ignace Scheppelin, antonin à Isenheim; F. Joseph Burgknecht, conventuel à Thann; F. Ildefonse Fenderich, bénédictin à Maursmünster; Joseph Kuentz, d'Obernai; Jacques Forster, de Colmar, etc., etc.

XXVI.

Jean Christophe Haus, évêque de Domitiopolis
(1705-1725).

Sur la rive gauche du Rhin, en face et à peu de distance de la charmante petite ville de Seckingen, que dominent les tours de la belle église de son ancienne abbaye de dames nobles, se déploie, au sein d'un fertile vallon, le modeste village de Stein, dans le district argovien de Rheinfelden.

C'est là que naquit, en 1652, de paysans pauvres, un enfant d'intelligence précoce et de grande espérance. Le baptême valut les noms de Jean Christophe au futur suffragant de l'évêché de Bâle. Par quelles voies providentielles fut-il amené à cette haute dignité? C'est ce qu'il n'est pas sans intérêt de redire.

En 1683, dans un collège théologique de Rome, on soutenait des thèses. La séance était présidée par un cardinal. A un moment donné, l'opposant lance un argument qui désarçonne son adversaire, et avec lui le professeur qui l'accompagne. Au milieu de cet embarras, une voix se fait entendre à demi. Elle souffle, comme on dit. en excellent latin, une réponse qui met l'objection à néant.

On se retourne. C'était un garde suisse, qui, la hallebarde haute, montait la garde à la porte de la salle. Grand émoi. Le cardinal veut voir de près le théologien improvisé. Il l'appelle chez lui. « Mon ami, lui dit-il avec bonté, qui êtes-vous? Et d'où venez-vous? » Et le garde lui raconte modestement son histoire. Après ses études littéraires, il avait suivi les cours de théologie à l'université de Fribourg, tout en donnant des leçons pour pourvoir à son entretien. Mais lorsqu'il s'était présenté au suffragant de son diocèse pour être admis aux ordres sacrés, la porte lui en avait été fermée, parce qu'il se trouvait hors d'état de fournir un titre clérical. Alors abattu, découragé, il s'était pris à l'idée de servir l'Église d'une autre manière. Et, à petites journées, il avait gagné Rome, où, sur sa demande, à la vue de ses beaux et bons certificats, il avait été reçu dans le corps des gardes suisses.

Ce récit émut vivement le cardinal, qui se hâta d'aller en faire part au pape Innocent XI (Benoît Odescalchi), l'ennemi du luxe et du despotisme, et plus encore le juste promoteur du vrai mérite dans l'épiscopat et le sacerdoce [1]. Le pape fut touché, lui aussi, de la situation faite au garde suisse par sa pauvreté. Innocent XI voulut aussi le voir et l'entendre. « Mon fils, lui dit-il, puisque votre ardent désir persiste de devenir prêtre, vous allez dès demain déposer hallebarde et baudrier, pour entrer à la Propagande et y compléter vos études théologiques ».

Une année se passe. Le théologien est examiné, reçu docteur en théologie et inscrit au catalogue des protonotaires apostoliques. Ordonné prêtre avant de quitter Rome, Jean Christophe Haus ne revient dans le diocèse de Bâle que porteur des lettres les plus flatteuses à présenter à l'évêque Jean Conrad de Roggenbach. Au vu de recommandation venues de si haut, le prince ne tarda pas à faire du protégé du pape son vicaire général et l'official du diocèse. Sa Sainteté voulut faire plus encore. Un canonicat vint à vaquer en 1698, le 26 avril, à la cathédrale d'Arlesheim. Le pape — c'était alors Innocent XII — y nomma, *motu proprio*, le vicaire général Haus. Il voulut même l'élever à la dignité de grand-doyen, mais pour ne pas déplaire au Haut-Chapitre, Haus ne voulut d'autre dignité que celle de grand-chantre.

Ces titres et ces honneurs n'effacèrent pas de la mémoire de Haus, même lorsqu'il y joignit la dignité de suffragant, le souvenir de son humble origine. Loin de là. Quand il donnait un repas, il se faisait apporter,

1. SCHRÖCKH, *Kirchengeschichte*, VI, 331.

pour la montrer à ses invités, l'assiette d'argile où il allait, en faisant ses classes, chercher de maison en maison sa nourriture de chaque jour [1].

C'est en 1679 qu'eut lieu le retour de Haus de la ville éternelle. Il n'en revenait pas les mains vides. La bienveillance dont il fut l'objet de la part du Souverain Pontife, lui valut la faveur de rapporter à l'évêque de Bâle les précieuses reliques du saint martyr Pacifique, tirées des catacombes de saint Calixte. Le 3 novembre, Jean Conrad de Roggenbach en faisait la reconnaissance authentique, et, deux jours après, la translation solennelle dans l'église du Collége [2].

Dès l'année suivante, le docteur Haus était nommé vicaire général et official de l'évêque Jean Conrad, par suite de la retraite du vénérable Balthasar Frey, promu à la dignité de chanoine de la cathédrale, dont il jouit encore les neuf dernières années de sa vie. En même temps, J. C. Haus lui succédait dans sa libre prébende du chapitre de Moutier (janvier 1680) [3].

Plus tard, l'official Haus se verra, en outre, appelé à la dignité de prévôt de l'insigne collégiale de Saint-Martin à Colmar.

En mars 1683, nous voyons « le révérendissime docteur Jean Christophe Haus, vicaire général et official du diocèse de Bâle » confier au prêtre lorrain Quirin Benoit la paroisse de Thannenkirch à la demande du prince de Birkenfels, comme l'atteste le curé de Türkheim, Jean Reyer, doyen du chapitre rural de *Ultra Colles Othonis* [4].

Le 22 mai 1697, le vicaire général Haus partait pour Rome, où il allait régler différentes affaires [5].

1. X. SÉRASSET, *Abeille du Jura*, t. I, 227-230.

2. Les reliques de saint Pacifique ont échappé aux fureurs des vandales de la Révolution. On continue à les vénérer dans l'église paroissiale de Porrentruy, où elles ont été placées après le Concordat de 1802.

3. F. CHÈVRE, *Le Chapitre de Moutier-Grandval*, p. 82.

4 E. HANS, *Urkundenbuch Bergheim*, 134.

5. *Histoire de Saint-Ursanne*, 453.

Nous n'avons pas à suivre le vicaire général Haus dans le détail complet de son administration. Rappelons seulement que, le 30 avril 1704, il était à Murbach, où il bénissait solennellement les drapeaux et les insignes de plusieurs régiments, en particulier du régiment de Champagne, et appelait la bénédiction du ciel sur toute l'armée française en marche vers la Forêt-Noire pour gagner la Souabe et la Bavière [1].

La même année, J. C. Haus était à Bergheim pour régler un différend entre le Magistrat de cette ville et les deux chapelains de l'église paroissiale. Après avoir entendu sur place les deux parties, il dressait, à son retour à Arlesheim, un règlement fort sage, en dix articles, qu'il adressait, le 14 mai 1704, au Magistrat de Bergheim, en même temps qu'aux deux chapelains [2].

Nous verrons le vicaire général, successeur de J. C. Haus, son frère, Jean-Baptiste Haus, revenir sur l'exécution ponctuelle de ce règlement en 1714 [3].

Depuis vingt-quatre ans, le protonotaire apostolique Haus remplissait ses fonctions de vicaire général à la grande satisfaction du prince-évêque Jean Conrad de Roggenbach, puis de son digne successeur Guillaume Jacques Rinck de Baldenstein, lorsque la mort du suffragant Schnorff vint ouvrir une carrière plus élevée à J. C. Haus. Le 2 juin 1704, en informant Son Altesse du décès prochain, comme le déclarait le docteur Egglinger, de Bâle, du « bon vieux » suffragant [4], le chapelain de l'évêque, ainsi que J. C. Haus aime à se signer, offrait à Guillaume Jacques le nouvel hommage de tous ses services, s'il trouvait bon de le charger d'un « ministère pénible, que bien d'autres refuseraient ». « Au reste, ajoutait-il, je suis prêt à me conformer joyeusement à

1. *Diarium de Murbach*, p. 120, dans la *Revue catholique d'Alsace*, 1894, p. 17.
2. E. Herr, *Urkundenbuch Bergheim*, 191-193.
3. E. Herr, *loc. cit.*
4. Des gueten alten Herrn (Arch. de l'Evêché).

la décision que prendra Votre Altesse à cet égard dans sa haute prudence ». Quatre jours après, Haus répétait les mêmes offres au prince-évêque; il considérait, disait-il, bien moins l'*honor* que l'*onus*. Il se déclarait, en même temps, très heureux de répondre aux vues de Son Altesse, en favorisant de son suffrage et de tout son pouvoir au sein du chapitre, l'élévation de l'archidiacre M. de Blarer à la dignité de grand-doyen. De son côté, le même Béat Antoine Blarer de Wartensée remerciait vivement le prince de cette nouvelle marque de sa bonté envers lui, redisant avec le prophète : *O Domine, sortes meæ in manibus tuis*[1].

En offrant tous ses services pour le poste de suffragant, le vicaire général Haus allait au-devant de la pensée du prince-évêque. Mais il rencontrait sur son chemin, peut-être sans le savoir, un puissant compétiteur. C'était l'ambitieux chanoine N. de Wessenberg, ancien élève du Collége germanique, chaudement patroné par le prévôt du Haut-Chapitre, Jean Conrad de Ferrette. Celui-ci écrivait au prince de Rinck, quatre jours avant la mort du suffragant Schnorff : « De Wessenberg a mérité cette distinction par ses services, entre autres par les quatre années qu'il a passées à Rappolstein, bien qu'il n'ait pas eu là tout le succès désirable »[2].

Pour couper court aux tiraillements de l'ambition, le prince de Rinck, dès le lendemain de la mort de Schnorff, lança une proclamation, annonçant que son suffragant élu était Jean Christophe Haus, et ordonnant à tous de lui obéir comme au prince-évêque lui-même[3].

En même temps, une supplique était adressée au Saint-Père pour demander la confirmation de ce choix « d'un élève du Collége de la Propagande, de grande

1. Lettre aux archives de l'Evêché, liasse *Suffragant*.

2. Archives de l'évêché. François Hartmann Louis de Wessenberg, baron d'Ampringen et grand-maître de l'Ordre teutonique, était custode du Haut-Chapitre dès 1703.

3. Ibid. Cette proclamation expose de nouveau tout au long les fonctions du suffragant.

érudition, probité et doctrine, digne et capable par ses mérites et ses talents de la fonction à laquelle il est promu ». Pension annuelle : 200 ducats d'or de la Chambre.

Cette nomination, on le comprend, ne pouvait être du goût de l'ambitieux chanoine Wessenberg. De Paris, où il était alors, il s'avisa d'écrire à Rome pour protester contre le choix épiscopal. C'est ce que nous apprend une lettre à lui adressée à Paris par le prince de Rinck, le 15 octobre 1704[1]. Son Altesse le tance vertement de l'audace qu'il a eue, à deux reprises, de calomnier à Rome et le suffragant, et l'évêque, et le chapitre, scandale dont l'évêque lui laissa la responsabilité, tout en l'invitant à réparer l'honneur blessé de l'évêque, du chapitre et du suffragant. Le prince agit par les voies de la douceur : « Que le coupable le comprenne, rougisse et sache se repentir ! » Wessenberg fit sans doute ses excuses à Son Altesse, car le 7 janvier suivant, le prince écrit au chapitre d'Arlesheim que, les obstacles suscités par Wessenberg étant levés, le chapitre doit oublier le passé, éviter envers ce chanoine toute méfiance dangereuse, tout ce qui ressemblerait à de la persécution, afin d'observer la bonne entente et la paix. « Ce qui, ajoutait le prince, procurera à l'évêque un singulier plaisir et au chapitre gloire et repos »[2].

Les accusations lancées par Wessenberg avaient été mises à néant par le Nonce apostolique Vincent Bichi, archevêque de Laodicée, en résidence à Lucerne. Il avait confirmé hautement ce témoignage rendu au suffragant par Guillaume J. de Rinck, écrivant, le 12 juin 1704, au cardinal Paulatius, secrétaire d'Etat du pape Clément XI[3], que J. C. Haus était « vir « undequaque bene meritus, et in ipsa Curia romana

1. Minute aux archives de l'Evêché.
2. Ib.
3. Ib.

« perquam notus, plurimis Ill^{mis} Nuntiis in his partibus « apprime semper gratus ac commendatus ».

Et le 24 décembre suivant, Son Altesse écrit au Nonce de Lucerne, pour le remercier vivement du concours énergique et efficace qu'il a prêté à l'évêque, et qui a fait promptement triompher la bonne cause[1].

Le 7 janvier 1705, l'évêque annonçait enfin au Haut-Chapitre que les bulles du suffragant étaient arrivées et qu'on allait s'occuper de son sacre. Il eut lieu le 22 février suivant, dimanche de la Quinquagésime, à Porrentruy, dans l'église du collége. Le prince, malgré son grand âge (il avait quatre-vingt ans et mourut l'année après), voulut se donner la joie de consacrer lui-même son cher suffragant. Son Altesse se fit assister des abbés de Lucelle et de Bellelay, les R^{mes} prélats Christophe Birr et Frédéric de Staal. « Une couronne de nombreuse noblesse et une foule innombrable de peuple, relevaient cette cérémonie en y applaudissant »[2]. La noble abbaye de Murbach s'y était fait représenter par deux de ses chanoines : Benoît de Schönau et Projet de Valoreille[3].

Huit jours après son sacre, 1er mars 1705, le suffragant Haus se trouve à Murbach. C'était le premier dimanche de Carême. Il bénit solennellement le coadjuteur des abbayes réunies de Lure et Murbach, dans la personne du R^{me} Célestin de Béroldingen. Le suffragant était assisté, pour cette cérémonie, des abbés d'Ebersmunster et de Mariastein, également de l'ordre de Saint-Benoît[4].

Le lendemain il confirme à Murbach 336 personnes.

Le 14 mars, le suffragant se rend d'Arlesheim à Colmar. Aux portes de cette ville il est reçu proces-

1. Minute aux archives de l'Evêché.

2. Notaire François Joseph Schnebelin, secrétaire du suffragant, dans son *Diarium suffrag.*, aux archives de l'Evêché. — *Syllabus ordin.*, 1705. — *Annotationes* de J. C. Haus, suffrag.

3. *Diarium de Murbach*, p. 53.

4. SCHNEBELIN, *Diarium.* — J. C. HAUS, *Annotationes.*

sionnellement par tout le clergé et harangué par le chanoine de la collégiale Schielin, grand-chantre, ainsi que par les PP. Augustins et les PP. Capucins. Ensuite il est conduit sous le dais à la collégiale, puis dans la demeure du doyen du chapitre, où il reçoit la visite des principaux de la cité.

Le 15 mars, troisième dimanche de Carême, il est conduit en procession dans l'église des PP. Capucins, et la consacre solennellement à huit heures du matin. Il y célèbre ensuite la messe pontificale. A une heure après-midi, la cérémonie était achevée. Invité par le Magistrat de Colmar, le suffragant prend part chez les Pères à un repas « exquis », au commencement duquel le P. gardien lui adresse un élégant compliment, qui fait ressortir avec bonheur les louanges de Son Altesse Guillaume-Jacques.

Le 16 mars, la messe dite, confirmation dans la collégiale. Après la confirmation, le suffragant rend visite aux principaux de la ville, en particulier au gouverneur et aux conseillers royaux.

17 mars. Messe dite à 7 heures du matin, et suivie de la confirmation de plus de 900 personnes dans la collégiale. Après midi, dans la même église, baptême d'une juive de Brisach, qui avait pour parrain M. de Chavigné, gouverneur royal à Brisach, et pour marraine Julienne de Bagotier, l'épouse du préteur royal de la ville. Noms de la baptisée : Marie Julienne Thérèse. Cette cérémonie a été accompagnée d'une triple décharge de « bombardes », par une milice bien exercée aux armes. Ensuite confirmation de diverses personnes nobles, parmi lesquelles l'abbesse d'Ottmarsheim et la juive convertie. Après cela, consécration de deux cloches pour la paroisse de Morschwihr, l'une en l'honneur de la sainte Vierge et de sainte Barbe, l'autre en l'honneur de saint Bernard et de sainte Dorothée. En outre, confirmation de 200 personnes. Là-dessus visite aux Dominicaines d'Unterlinden, auxquelles est donnée la bénédiction pontificale, puis à leurs sœurs du couvent de Sainte-

Catherine. Une agréable « symphonie », accompagnée d'orgue, a accueilli le prélat à son entrée dans leur église. Même bénédiction pontificale portée aux PP. Dominicains dans l'église de leur monastère.

Le 18 mars, après la messe dite à 7 heures, confirmation jusqu'à une heure après-midi. Environ 1200 personnes.

Dans la même matinée, arrive le duc de Birkenfels pour rendre visite au suffragant, lequel l'accompagne ensuite chez le président du Conseil souverain, de Corberon, où ils dinent. Après-midi, 300 confirmés dans la collégiale.

Le 19, fête de saint Joseph, le suffragant est conduit processionnellement, de la demeure du doyen du chapitre à la collégiale, où il bénit solennellement, pendant la messe pontificale, assisté des abbés de Pairis et de Munster, le R^me Charles Massée Perrin, abbé du monastère de Freisdorf, en Lorraine, diocèse de Metz. Puis l'évêque de Domitiopolis confère les ordres à 6 minorés, à 3 sous-diacres et à 10 prêtres, ces derniers tous religieux, après avoir donné la tonsure à 19 clercs, dont 5 dominicains.

Au sortir de la collégiale, on dine chez le R^me abbé de Pairis. L'après-midi, consécration dans l'église des PP. Capucins de trois autels dédiés à saint Joseph, saint François, saint Antoine de Padoue.

Le 20 mars, à 10 heures, départ de Colmar pour Ensisheim, où le suffragant arrive vers 3 heures. Réception solennelle à la porte de la ville par le clergé, le magistrat et la garnison à pied et à cheval. Il est ensuite conduit en procession dans l'église paroissiale, puis dans la résidence du préteur royal. Le lendemain, messe à l'église de la paroisse, tonsure donnée à Jean Bernard Abbé, d'Ensisheim, suivie de la confirmation : 1598 confirmés avant midi, et à peu près autant l'après-midi.

Dimanche *Lætare* (22 mars), consécration de l'église des PP. Capucins et des trois autels : saint François, Marie Immaculée et saint Antoine de Padoue. Puis messe pontificale et 6 tonsurés. Après avoir dîné chez les PP. Capucins, confirmation de 363 personnes dans leur église. A 5 heures, départ d'Ensisheim au son des cloches. Retour à Arlesheim, d'où à Porrentruy, pour faire les ordinations des Quatre-Temps de Carême, de *Sitientes*, du Vendredi et du Samedi-Saint. Cette dernière (11 avril) est suivie de la confirmation donnée au château à 488 personnes.

Le dimanche *in Albis*, 19 avril, J. C. Haus était à Masevaux, pour la réception de deux demoiselles nobles dans la collégiale et donner ensuite la confirmation à 2133 personnes.

Le 1er mai suivant, il est à Rheinfelden, chez les PP. Capucins, d'où il est conduit en procession à l'église collégiale et paroissiale. Confirmés 729 et le lendemain 155.

Le 2 mai, sur le soir, le suffragant arrive à Stein, son *natale solum*, comme dit Schnebelin.

Le 3 mai, de grand matin, il se rend à Lauffenbourg, où il célèbre la messe et confirme 1480 personnes. Après-midi, bénédiction de deux cloches, l'une pour la paroisse de Hochsal, l'autre pour celle de Hener. Puis 1532 confirmés. Le 5 mai, 472 à Stein, tant dans la matinée que dans l'après-midi.

Le 6, à Frick, avant et après midi, 1167 confirmés. Le 9, consécration d'un autel à la chapelle de Wallbach, Mumpf-le-Bas, en l'honneur de la sainte Vierge et des saints martyrs Sébastien et Roch. Puis bénédiction de trois cloches : la première pour Wallbach, la seconde, en l'honneur de saint Joseph et de saint Antoine, pour Wölfiswyl ; la troisième, en l'honneur de sainte Agathe et de saint Sébastien, pour Hellikon. Le même jour, à Zeiningen, consécration de deux autels, l'un en l'honneur de la sainte Vierge, l'autre en l'honneur de saint Joseph.

Le samedi, 31 mai, après avoir ordonné 28 sous-diacres et 19 prêtres, le suffragant se rend à Delémont pour y célébrer la messe pontificale de la solennité de l'Pentecôte.

Le lundi, 2 juin, il consacre l'église de Courfaivre et ses trois autels en l'honneur de saint Germain d'Auxerre, sainte Anne et des saints évêques Grat et Guérin ; de la Sainte Vierge, côté de l'évangile.

Le 3 juin, consécration de la nouvelle église de Courchapoix et de ses trois autels : majeur, saint Imier et saint Eloy ; évangile, N.-D. du Rosaire ; épître, sainte Croix.

A Bassecourt, le 4 juin, consécration de la chapelle hors du village, avec ses trois autels : majeur, saint Hubert et sainte Ursule ; évangile, Sainte Vierge ; épître, les saints évêques Grat et Guérin. Ensuite, à l'église paroissiale, consécration de l'autel du saint Scapulaire, du côté de l'épître. Après la confirmation donnée à une centaine de personnes, retour à Porrentruy, où le suffragant trouve Son Altesse à toute extrémité : *extremam agens animam*. Le lendemain, le prince-évêque rend pieusement son âme à Dieu, « comme on peut le voir dans le registre de ses ordinations » [1]. Il était dans sa quatre-vingt-deuxième année.

Après avoir béni la tombe de l'auguste défunt dans l'église du collège, J. C. Haus eut à se préoccuper du choix d'un successeur digne d'un si bon prince. Ce choix tomba, le 11 juillet suivant, sur le doyen du Haut-Chapitre, Jean Conrad de Reinach, élu à Arlesheim au septième tour du scrutin.

Le nouveau prince conserva au suffragant Haus, qui n'avait pas été étranger à son élévation, la même confiance et la même affection que son vénérable prédécesseur, le prince de Rinck. Jean Conrad lui témoigna d'autant plus volontiers ces sentiments que le suffragant s'efforça d'entrer dans ses vues, et y réussit, le 22 sep-

1. *Syllabus ordin.*, ad annum 1705. Le registre tenu par Guillaume-Jacques de Rinck n'existe plus aux archives de l'évêché de Bâle.

tembre suivant, en faisant nommer par le chapitre (10 voix sur 12) doyen de ce corps l'archidiacre Béat Antoine Blarer de Wartensée, qui avait été l'année avant le candidat du prince de Baldenstein, mais qui s'était vu, sans rancune, préférer par la majorité de chapitre le chanoine Jean Conrad de Reinach.

Après cette élection, le suffragant part d'Arlesheim pour une nouvelle campagne. Le 23 juillet au soir, il était à Bartenheim, où il passait la nuit. Le lendemain, il consacre l'église de Brinkheim, en l'honneur de saint François. Il consacre de même un calice et une cloche (Saint-Michel), à Nieder-Michelbach. Confirmés 500. A 3 heures, il arrive à Landser. Il y passe la nuit chez le gouverneur (toparcha) Götzmann.

Le 24 septembre, célébration de la messe à 7 heures, et 1400 confirmés dans la demeure de M. Götzmann, dont le fils, baptisé ce jour-là par le doyen de Colmar, a pour parrain le suffragant lui-même. L'enfant reçoit les noms de Christophe Antoine Dominique. Sa marraine était une demoiselle d'Épine. Confirmation de 1200 personnes après diner.

Le 25, à Rixheim, dans la Commanderie ; ensuite à l'église paroissiale, consécration d'un autel en l'honneur N.-D. du Rosaire, puis de deux cloches en l'honneur de saint Léger, et d'une troisième en l'honneur de la sainte Vierge pour Sierentz. Après la messe, 500 confirmés.

A 3 heures, arrivée à Battenheim, où l'église est visitée le 26, et après diner celles de Baldersheim et de Sausheim. Dans cette dernière paroisse, le 27, consécration de l'église : maitre-autel, saint Laurent ; évangile, sainte Vierge ; épitre, saint Ignace, martyr. Reliques déposées : celles de sainte Colombe, de sainte Célestine, de sainte Théodora et d'autres encore.

En partant de Sausheim vers 3 heures, confirmation de trois religieuses à Schönensteinbach, puis visite au maréchal de Rosen à Bollwiller. On arrive à Soultz. Hors les portes de la ville, réception très solennelle par le clergé, le magistrat et la jeunesse. Discours latin très savant et très habile de M. Rieden, doyen et recteur à Soultz. Discours allemand du magistrat. Vers et poésie, en allemand, par la jeunesse. Puis, en procession, à l'église paroissiale. Le lendemain, dans l'église des Trois-Rois, tonsure à Antoine Meyer et François Joseph Faber, l'un et l'autre de Soultz. A 7 heures, messe dans l'église paroissiale, puis confirmation de 1360 personnes et de plus de 600 après diner. Le soir, le suffragant arrive à Guebwiller chez les Dominicaines de la Porte Angélique, dont il consacre l'église, le 29 septembre, en l'honneur de saint Michel; le maitre-autel en l'honneur de la sainte Trinité et de la Passion de N. S.; l'autel près de la sacristie en l'honneur de saint Michel et des saints anges; le troisième autel, côté de l'épitre, en l'honneur de saint Joseph, de sainte Anne et des saints Jacques et Christophe; le quatrième, plus bas, en l'honneur de la sainte Vierge et de saint Dominique. Dans ce dernier autel reliques de saint Christophe.

Pendant la messe, l'évêque de Domitiopolis ordonne prêtres deux religieux, ainsi qu'un bénédictin de Murbach, noble Fr. Maur d'Ichtersheim. 580 confirmés.

Le 30 septembre, à Merxheim, réconciliation de deux autels, celui des saints apôtres Pierre et Paul (maitre-autel), et celui de sainte Rogana, vierge et martyre (épitre). A 2 heures et demie arrivée à Gundolsheim, où deux autels sont consacrés : évangile (sainte Vierge), épitre (sainte Catherine). Cent confirmés.

A 5 heures, arrivée à Rouffach. A la porte de la ville, clergé et magistrat, harangue latine du curé Frey. Puis visite de l'église paroissiale, où le suffragant trouve toutes choses dans le meilleur état : *in optimo statu.*

Le 1er octobre, après la messe, bénédiction à la cure d'une cloche pour Pfaffenheim en l'honneur de la sainte Vierge, de sainte Anne et de sainte Elisabeth. Confirmés : 1450, plus 820 après midi. Deux tonsurés, l'un de Rouffach, François Théobald Ebelmann, l'autre de Pfaffenheim, Jean Guillaume Erhardt.

2 octobre. A Hattstadt, consécration de deux autels en l'honneur de la sainte Vierge et de saint Sébastien, épître; de sainte Colombe, évangile. Confirmés : 200. Ensuite 300 à Gueberschwyhr, où l'on dîne. Le dimanche 4 octobre, fête du saint Rosaire, se passe à Colmar, où, après l'office pontifical, 1450 personnes sont confirmées.

Le 5 octobre, à Türckheim, Messe à 4 heures du matin. Deux tonsurés : François Joseph Hirsinger, de Kaysersberg, et Antoine de Vergey, de Bergheim. Confirmés 1260, et après midi, plus de 700.

Le 7, à Guémar, 1388 confirmés, après messe célébrée et église visitée; le même jour, retour à Colmar, et d'ici à Porrentruy, afin de tout préparer pour la solennité du sacre du nouvel évêque de Bâle, préconisé le 1er octobre par Clément XI.

Cette solennité eut lieu le 1er novembre suivant, dans la cathédrale d'Arlesheim. Le prélat consécrateur fut le nonce apostolique de Lucerne, Vincent Ricci (*alias* Pigi, *alias* Bichi), archevêque de Laodicée. Le suffragant Haus l'assistait, ainsi que l'abbé de Lucelle, Antoine de Reynold, de Fribourg en Suisse.

Du 15 au 26 novembre suivant, le suffragant Haus est à Colmar, où il fait diverses ordinations et donne la tonsure entre autres à Nicolas Rosier de Commercy, diocèse de Toul. A Sainte-Lucie, ordinations à Porrentruy.

Cette première année d'épiscopat, on le voit, fut bien remplie par le suffragant Jean Christophe. Signalons, en passant, quelques noms parmi ceux qu'il ordonna prêtres : Jean Henri Buecher, de Zäsingen; F. Bernard Barth, conventuel de Brisach; François Ignace Neef, docteur en théologie; le curé de Seppois, François Xavier Strasser, de Porrentruy; Théobald Marc, de Hirzbach; Joseph Schweizer, de Vieux-Ferrette, chanoine de Neuviller; Jacques Noblat, de La Chapelle;

deux bénédictins de Münster; Joseph Caspar Gauthier, de Neufbrisach, chanoine de Saint-Pierre et de Saint-Michel, à Strasbourg, et le chanoine de la même collégiale Jean François Doubler, de Port-sur-Saône; Henri Joseph Vonderborcht, chanoine de Saint-Pierre-le-Jeune à Strasbourg; François Joseph Neeracker, de Guebwiller; François Romain Guggenberger, de Colmar; le curé d'Orweiler Jean Gottgab; Léopold Reichstetter, de Colmar, etc., etc.

De même en 1706 et 1707 : divers religieux bénédictins de Mariastein et de Marmoutier, capucins, prêcheurs, cisterciens, prémontrés, franciscains, récollets, etc. Parmi les prêtres séculiers : Jean Léonard Unzeitig, de Ferrette; André du Fournel et Antoine Holbing, de Brisach; Jean Stemmlen, de Cernay; François Joseph Kemler, d'Ensisheim; Jean Bernard Schmidt, de Pulversheim; Philippe Claude Tribout, de Colmar; Jean Fuchs, d'Ungersheim; Adam Herzog, de Friesen; Jean Jacques Ettlin, de Zimmersheim; Pierre Faust, de Rouffach; François David d'Olivier, de Franken; Philippe Balthasar Hucker, de Strasbourg, etc.

En 1706, après avoir consacré 33 autels portatifs chez les PP. capucins de Dornach *ad pontem*, et donné la confirmation à Porrentruy le Samedi-Saint et le jour de Pâques (3 et 4 avril), le suffragant Jean Christophe accompagne Son Altesse à Bellelay et l'assiste avec l'abbé de Lucelle dans la bénédiction solennelle que donne Jean Conrad au nouvel abbé de ce monastère, le R^me^ Jean Georges Voirol, des Genevez. Le lendemain, 14 juin, il confirme 1400 personnes à Saignelégier, puis 3500 à Altkirch, le 27 juin suivant, et, le 28, 600 à Thann et le lendemain 3600 dans la même ville. Le 30, visitation de l'église collégiale et paroissiale, ainsi que du chapitre de Thann. Le 1er juillet, fête de la translation de saint Théobald, patron de Thann, office pontifical, bénédiction d'une cloche pour la chapelle Saint-Michel et confirmation.

Le 3 juillet, à Alspach, dans l'église du monastère, 260 confirmés.

Le 4 juillet, consécration de la nouvelle église de Fréland (Urbach) avec trois autels, en l'honneur de l'Assomption de la sainte Vierge. Autel du Scapulaire, évangile; épitre, sainte Famille. Confirmés : 878, et 1216 à Pairis, le lendemain.

Le 6 juillet, à Kaysersberg, consécration de quatre autels dans l'église des Franciscains. 870 confirmés.

A Hirtzfelden, le 10, bénédiction d'une cloche en l'honneur de saint Laurent.

Le 11 juillet, à Ottmarsheim, vêture d'une noble chanoinesse. 1000 confirmés. Cloche bénite en l'honneur de saint Sébastien et de sainte Suzanne, pour Bantzenheim.

Le 28 juillet, à Hagenthal, trois autels consacrés en l'honneur de saint Pierre, saint Jean et saint Laurent, de la sainte Vierge, de sainte Barbe et des saints martyrs Etienne et Sébastien.

Le 1er août, dixième dimanche après la Pentecôte, dans la chapelle du château de Häsingen, ordination sacerdotale du comte Philippe Ernest de Löwenstein, prince administrateur des abbayes de Murbach et Lure.

A Rädersdorf, le 10 août, consécration de l'église Saint-Etienne. Maitre-autel : la B. V. Marie, saint Etienne et saint Laurent; épitre : la sainte Vierge; évangile : saint Wolfgang. 800 confirmés.

A la fête du saint Rosaire, 3 octobre, ordination à Colmar dans la collégiale : 2 minorés et 4 diacres de l'abbaye de Münster. De même, le 9 octobre, dans la même église, 3 sous-diacres, 4 diacres et 6 prêtres.

NB. Dans le courant de cette année, le suffragant Haus a assisté, avec l'évêque de Watterfort, en exil à Paris, le prince de Soubise, évêque de Strasbourg, consacrant dans la cathédrale de cette ville, l'évêque de Toul, François de Camilly[1].

1. *Annotat.* de Haus, fol. 7. — Schœbelin, p. 35.

En 1707, à Arlesheim, le 5 juin, le suffragant confère le sacerdoce à quatre capucins, puis à un cinquième, le 13 juin. Ce même jour, 1250 confirmés.

Le 14 septembre suivant, consécration de l'église de Liesberg : maitre-autel, saint Pierre et saint Paul; deuxième autel, sainte Vierge; troisième autel, saint Fridolin. Le 23 octobre, le 6 novembre et le 21 décembre, quelques ordinations à Arlesheim[1].

Dans le même mois (22 septembre), le suffragant rendait une sentence qui mettait fin à un assez long litige de droit d'étole entre le religieux de Bellelay qui était curé des Genevez, et les habitants de cette paroisse[2].

L'année après, le 13 mai 1708, Jean Christophe Haus consacra la chapelle de saint Joseph, élevée à Courtételle par François de Römersthal, chanoine de la cathédrale, et son frère Jean Guillaume, patrons de cette chapellenie.

De 1708 à 1717, nos archives se taisent sur les fonctions remplies par le suffragant Haus; lui-même se contente des notes suivantes, confiées à son *Diarium* :

1709. 20 mai. Confirmation à Arlesheim et bénédiction de deux cloches, puis de deux autres, et d'une cinquième pour le château de Landser.

Le 1er mai 1710, le suffragant bénit solennellement le nouvel abbé de N.-D. de la Pierre, le Rme Maurus Baron, de Soleure. Prélats assistants : les Rmes abbés de Saint-Urbain et de Bellelay, Joseph Zur Gilgen, et Jean Georges Voirol.

1711. 19 septembre, confirmation à Arlesheim. Autorisation donnée à la ville de Saint-Ursanne de construire la chapelle de Lorette.

1712. 26 décembre, confirmation à Arlesheim.

1. Ici se termine le *Diarium* du notaire Schnebelin, qui cesse de remplir les fonctions de secrétaire du Rme suffragant (p. 33 et suiv.).

2. Mémoires d'Yves Voirol, notaire aux Genevez, 1693-1709.

1715. En divers lieux 900 confirmés, à Cernay, Soultz, Rouffach et Guémar, du 24 au 29 mai. Le 10 juin à Arlesheim[1].

1715. Consécration de la nouvelle église d'Ettingen. Même laconisme pour les années suivantes.

1717. Dimanche, 5 septembre, consécration de l'église et du chœur de Keisslen, près Lauffenbourg[2].

1718. 6 juin, confirmation à Arlesheim.

Même année, consécration de la nouvelle église de Frick.

1719. 29 juin, confirmation à Arlesheim.

Le 8 octobre[3], le suffragant assiste, avec l'évêque d'Autun, au sacre solennel de Mgr. de Visé, évêque de Fès et suffragant de Strasbourg, fait à Saverne par le cardinal-évêque de Strasbourg.

Le 5 novembre, consécration de l'église récemment construite à Herznacht avec son autel.

Le 7, autel consacré à Münkwyler.

Après Saint-Michel, confirmation de plus de 600 personnes à Blodelsheim.

Là se termine le *Diarium* du suffragant.

Cependant nous savons par d'autres sources qu'offrent les archives de l'Evêché, qu'en 1716, le 18 octobre, le suffragant Haus assiste, avec le prince Jean Conrad et les dignitaires du Haut-Chapitre de Bâle, à l'ouverture du séminaire diocésain[4]. Nous savons aussi que l'évêque de Domitiopolis prenait part, en 1717 et 1718, avec

1. Le 25 mars de la même année le suffragant a donné la bénédiction solennelle à l'abbé de Münster, le R^me Gabriel de Rutan, parisien d'origine, en présence des abbés de Moyenmoutier et de Saint-Léopold à Nancy, les R^mes Humbert Belhomme et Mathieu Petitdidier, l'un et l'autre de la congrégation des saints Vanne et Hidulphe (*Syllab. ex lin.*, p. 176).

2. Le 11 avril 1717, le suffragant Haus assiste, avec le suffragant de Constance, l'évêque Jean Conrad de Reinach, consacrant à Porrentruy l'archevêque de Nicée, Mgr. Joseph Ferrao, nonce du Saint-Siège à Lucerne (VAUTREY, *Evêques de Bâle*, II, 293).

3. Le 7, d'après GRANDIDIER, *Alsatia sacra*, I, p. 25.

4. *Annales du collège de Porrentruy*, ann. 1716.

l'évêque Jean Conrad et toute sa cour, aux exercices de saint Ignace, donnés à 70 retraitants. Nous savons enfin que le suffragant Haus assistait avec le suffragant de Constance et l'évêque de Bâle au sacre donné, le 19 juin 1717, dans l'église du collége, à l'évêque de Lausanne Claude Antoine Duding, de Riez près de Bulle, dans le canton de Fribourg [1].

Nous le voyons, en outre, en avril 1718, accompagner le célèbre missionnaire jésuite, le P. Charles Maillardoz, et ses aides, dans la grande mission donnée aux paroisses du pays de Porrentruy et du canton d'Argovie.

En 1719, l'ordination de la Sainte-Croix est la dernière dont nos archives fassent mention dans les actes pontificaux du suffragant Haus. Le *Syllabus* des ordinations faites pendant une période de dix années a malheureusement disparu avec les notes qu'il renfermait.

D'un autre côté, il serait trop long de nommer ici les nombreux prêtres ordonnés par le suffragant Haus, tant de l'Alsace que des autres parties du diocèse de Bâle, comme aussi des diocèses voisins. On en trouvera le tableau complet dans la publication spéciale qui va en être faite.

La dernière ordination faite, à Arlesheim, par l'évêque de Domitiopolis, est du 30 juillet 1724. L'année avant, il y présidait encore l'assemblée générale du chapitre de l'Elsgau, tenue à Lucelle le 15 septembre. Ce fut une de ses dernières sorties. Bientôt après, Jacques Christophe, affaibli par l'âge et la maladie, se vit dans l'impossibilité d'accomplir toute fonction épiscopale. « Pendant plus de deux années entières, il ne vécut plus que pour Dieu et le soin de son âme, jusqu'au jour où, saintement préparé à la mort, il rendit son âme à Dieu, à 6 heures du matin, le 12 septembre 1725 » [2]. Le même jour, le vicaire général Jean-Baptiste

1. Ibid., ann. 1717.
2. *Syllabus ordin.*, ad ann. 1719. Lettre du vicaire général Jean-Baptiste Haus (Archives, liasse *Suffrag.*).

Haus, frère de l'illustre défunt, en envoyait d'Arlesheim la triste nouvelle à Son Altesse. « Nouvelle bien triste, dit-il dans sa lettre, pour moi et pour ma famille, dont il était le soutien et l'appui ».

En même temps il s'acquitta auprès du prince de la dernière commission dont il été chargé par le mourant, « qui a conservé toute sa présence d'esprit jusqu'au dernier soupir ». Cette commission, qu'il lui est doux d'accomplir, et que le défunt lui a renouvelée vingt fois, c'est de remercier avec effusion Son Altesse, ainsi que M le coadjuteur, de toutes les « grâces et bontés », dont le suffragant s'est vu l'objet en tout temps, mais en particulier pendant ces dernières années, où il ne pouvait plus rendre des services ni faire ses fonctions. A ces sentiments d'une vive reconnaissance, le défunt a voulu qu'on joigne l'humble prière qu'il adresse au prince et à son frère le coadjuteur, de continuer leur bienveillante protection à sa famille que sa mort va si cruellement éprouver.

Nous verrons bientôt que cette humble supplique d'outre-tombe fut couronnée d'un plein succès.

Les obsèques du défunt eurent lieu avec une grande solennité à Arlesheim, où il repose sous un marbre dont on peut encore lire l'inscription.

Huit jours après, 20 septembre, Son Altesse, qui avait nommé commissaires des scellés l'obervogt de Byrseck, J.-C. d'Andlau, et le doyen du Leymenthal, Thomas Grueb, leur ordonne de procéder sans retard à l'ouverture du testament fait par le suffragant dès le 27 août 1716, avec codicille du 17 janvier 1720, en faveur de son frère, le vicaire général J.-B. Haus, et de demoiselle Barbe Haus, institués par le défunt ses héritiers universels, « lesquels seront envoyés en possession dès qu'ils auront pris l'engagement, par devant Son Altesse, d'accomplir les legs indiqués dans le testament » 1.

1. Archives de l'Evêché, liasse *Suffraganei.*

C'étaient sans doute des legs pieux qui ne pourraient que nous édifier, si le testament existait encore.

Le suffragant Jean Christophe Haus était, ainsi que son prédécesseur Schnorff et son successeur Jean-Baptiste Haus, membre de la confrérie de Saint-Ursanne[1].

XXVII.

Jean-Baptiste Haus, évêque de Messala (1729-1745).

En écrivant son testament (1716-1720), le suffragant Jean Christophe Haus qualifiait comme suit son frère Jean-Baptiste institué son héritier : « Jean-Baptiste Haus, docteur en théologie, protonotaire apostolique, vicaire général et official du diocèse de Bâle, prévôt de la collégiale de Saint-Martin à Colmar et chanoine du chapitre de Moutier-Grandval »[2].

On voit que le suffragant avait fait preuve d'un amour vraiment fraternel en se donnant son frère puiné, comme lui docteur et protonotaire, pour successeur dans ses charges et ses prébendes, à commencer par le canonicat de Moutier-Grandval, qu'il avait résigné en sa faveur dès l'année 1698, lors de l'élévation de Jean Christophe à la dignité de chanoine de la cathédrale de Bâle.

Aussi bien Jean-Baptiste Haus, de vingt ans plus jeune que le suffragant, était capable de ces charges et digne de ces honneurs. Ainsi l'avaient jugé deux princes-évêques de Bâle, l'un et l'autre justes appréciateurs du vrai mérite. Le second d'entre eux, Jean Conrad de Reinach, ira plus loin : il acceptera les offres modestes qui lui seront faites par le vicaire général Haus, « dont

1. Registre de la Confrérie aux archives paroissiales.
2. Archives de l'évêché de Bâle, décret de S. A. pour la publication du testament de J. C. Haus.

il n'a qu'à se louer », et le désignera comme successeur de son frère dans les hautes fonctions de suffragant.

Né à Stein, le 29 juillet 1672, Jean-Baptiste Haus, à l'exemple de son frère aîné, se sentit de bonne heure appelé à l'état ecclésiastique. Plus heureux que Jean Christophe, il avait en lui un aide et un protecteur pour faire ses études. Après avoir parcouru avec ardeur et succès la carrière des lettres, il n'eut pas de peine à se faire recevoir, sur la recommandation de son frère aîné, au collège de la Propagande. Il n'en sortit qu'avec les lauriers du doctorat en théologie et le titre de protonotaire apostolique.

A vingt-six ans, le jeune prêtre revenait de Rome pour occuper la place que lui cédait son frère à Delémont comme chanoine de la collégiale de Moutier-Grandval. Il ne tarda pas à le seconder, puis à le remplacer de même dans les fonctions importantes d'official et de vicaire général, se préparant ainsi de longs mois à lui succéder dans sa dignité de suffragant. Et comme Jean Christophe avait eu à cœur de sauvegarder les droits de tous et de chacun dans le diocèse, ainsi qu'il le fit à Saint-Ursanne en 1712, 1714 et 1717, de même voyons-nous le vicaire général, en 1728, prendre en mains les intérêts lésés des curés de la Prévôté et les faire rentrer dans leurs droits, méconnus alors par leurs paroissiens [1].

A la mort de son frère, le vicaire général écrivait d'Arlesheim au prince Jean Conrad de Reinach : « Quant au suffraganéat vacant, je n'en parle pas en ce moment, car j'espère et me flatte que Votre Altesse ne voudra pas si promptement prendre sa résolution, et que j'aurai tout le temps de lui faire en personne mes très humbles prières à ce sujet, si ainsi que Votre Altesse voudra bien me permettre de le faire, et qu'elle me juge capable et digne de ses bonnes grâces : je me rends en atten-

1. Archives paroissiales de Saint-Ursanne.

dant entièrement à la divine Providence et à Vos gracieuses volontés, comme je l'ai fait jusqu'ici »[1].

Le prince Jean Conrad ne songea pas à donner de sitôt un successeur au suffragant Haus. L'année avant la mort de ce dernier, il avait pensé faire mieux. Au lieu d'un simple évêque auxiliaire, il s'était fait donner par son chapitre un coadjuteur avec droit de succession, dans la personne de son frère plus jeune que lui de onze ans, Jean-Baptiste de Reinach, depuis 1712 prévôt du Haut-Chapitre. Nommé le 11 septembre 1724, et préconisé par Benoit XIII avec le titre d'évêque d'Abdère i. p. i., le coadjuteur Jean-Baptiste avait été sacré à Porrentruy, le 25 novembre 1725, deux mois après la mort du suffragant Haus, par le prince Jean Conrad lui-même, assisté des abbés de Lucelle et de Bellelay, les R^mes Nicolas Delfils, de Vaufrey, et Jean Baptiste Sémon, de Montfaucon[2].

Avec le concours actif et fraternel de son coadjuteur, Jean Conrad de Reinach pouvait se passer d'un suffragant. Il en fut ainsi pendant les quatre premières années. Mais survinrent, en 1726, les événements ou plutôt les complications politiques auxquelles donna lieu le ministre du prince, son neveu, le baron de Ramschwag, par la répression trop soudaine de nombreux abus, complications qui ne durèrent pas moins de dix ans, et qui tinrent en haleine prince et coadjuteur, y usant, l'un et l'autre, le reste de leur vie. Il devint alors évident à leurs yeux qu'il fallait plus que jamais à l'évêché un suffragant pour le spirituel. On accepta alors les offres de services du vicaire général Jean-Baptiste Haus. Il fut désigné pour succéder à son frère Jean Christophe comme suffragant de Bâle, préconisé à Rome avec le titre d'évêque de Messala[3], puis sacré solennellement,

1. Archives de l'Evêché, *Suffragants.*
2. Ibid.
3. Autrefois ville de l'Arabie heureuse, d'après la note du suffragant lui-même. (*Syllab. Ordin.*, ad annum 1729).

au milieu et aux applaudissements d'une grande affluence de peuple, dans l'église du collége de Porrentruy, le quinzième dimanche après la Pentecôte, 18 septembre 1729, par le prince Jean Conrad, assisté de son R^me frère, le coadjuteur, et de l'archevêque de Césarée i. p. i., grand-prévôt de Saint-Dizier [1].

Quelques jours après, à la fête de saint Michel, le nouveau suffragant inaugurait ses fonctions par l'ordination de deux prêtres. Le 5 octobre suivant, il est à Colmar et donne les ordres mineurs à neuf clercs dans la collégiale et le lendemain la tonsure à sept candidats au sacerdoce, puis à trois autres le 16 octobre suivant. Le 23 octobre, à Ribeauvillé, trois tonsurés, et deux le lendemain. Encore un tonsuré à Colmar le 28 octobre.

Le 4 décembre, c'est à Arlesheim, lieu de résidence du suffragant, qu'il ordonne ce jour-là deux sous-diacres, puis un prêtre, le surlendemain, dans l'église des Pères Capucins à Dornach. Le 3 juillet 1731, après avoir, l'avant-veille, consacré l'église de Thierbach et confirmé un millier de personnes, ordination dans l'église de Soultz de deux sous-diacres, d'un diacre et de deux prêtres. En outre, tonsure donnée là à noble Noël de Sombreuil, d'Ammerschwyr et à François Dominique Bellivet, de Colmar. Le 5 août suivant, douzième dimanche après la Pentecôte, ordination à Colmar d'un prêtre augustin de Ribeauvillé, de neuf sous-diacres et de dix-neuf diacres. Le 19 octobre, l'évêque de Messala est à Niederenzen, puis à Rouffach, le surlendemain, où il ordonne deux prêtres : un récollet et un capucin.

Le dimanche 21 octobre, à Arlesheim, ordination sacerdotale du baron Sébastien de Béroldingen, bénédictin de Murbach. Le 22 novembre suivant, il donne les mineurs à François Marquard Léopold Eugène Josué de Béroldingen, aussi bénédictin à Murbach. La même année, à l'ordination de Pentecôte, il avait conféré les

1. *Syllabus ordin.* 1729.

mineurs et le sous-diaconat au chanoine de la cathédrale de Bâle N. de Schauenbourg-Herlisheim.

En 1732, à la fête de la Nativité de la sainte Vierge, 8 septembre, le suffragant consacre deux églises dans le Sorngau : celles de Vermes et de Rebenvelier, la première en l'honneur des saints apôtres Pierre et Paul, la seconde en l'honneur des saints martyrs Jean et Paul, dont le canon de la messe redit les noms.

Plus tard, le 14 octobre 1743, l'évêque de Messala fera en faveur de l'église de Vermes la reconnaissance authentique d'une relique insigne des saints martyrs de Soleure, Urs et Victor, relique qu'on y vénère encore de nos jours. L'année suivante est remarquée par une ordination faite à Colmar, le vingt-deuxième dimanche après la Pentecôte, 25 octobre : 5 minorés, 7 sous-diacres, 7 diacres et 6 prêtres, dont 5 prémontrés d'Etival et un bénédictin de Moyenmoutier.

Nouvelles ordinations à Colmar, les dix-huitième et dix-neuvième dimanches après la Pentecôte, en 1734. Prêtres : 4 prémontrés d'Etival, et un bénédictin de Münster.

Le début de cette année 1734 fut douloureux pour le suffragant. Il aimait de la plus tendre affection le coadjuteur Jean-Baptiste de Reinach : ils résidaient sous le même toit à Arlesheim, et le 25 janvier, l'évêque d'Abdère rendait son âme à Dieu, dans les bras du suffragant, à l'âge de 65 ans. Ce fut un deuil immense pour le suffragant comme pour le prince de Reinach, qui avait voulu se donner un successeur dans la personne de son digne frère.

Onze jours auparavant, J.-B. Haus venait de conférer la tonsure à noble Charles Roger de Bauffremont de Listenois, chevalier de l'ordre de Malte. Sa mère était Hélène de Courtenay de Bauffremont.

En mai et juin de la même année, le suffragant eut fort à faire pour essayer de donner une solution pacifique à un conflit survenu entre le prince-évêque et le chapitre de Saint-Ursanne. Jean Conrad de Reinach avait voulu, contrairement aux statuts du chapitre, lui imposer un huitième membre dans la personne de son neveu Hesso de Reinach. La chapitre en avait référé à Rome. Un monitoire avait été envoyé à l'évêque par le Saint-Siège. Jean Conrad persistait dans ses prétentions, et le chapitre dans son droit. Le suffragant Haus se rendit à Saint-Ursanne pour tenter le rôle de conciliateur. Jaloux et fort de ses droits, le chapitre ne voulut rien entendre. Quelques jours, après, le pacifique suffragant écrivait au chapitre : « Qu'on veuille du moins demander à l'évêque la suppression de cette huitième prébende, et lui faire des excuses d'avoir recouru à Rome ». Le chapitre répondait : « Tout en souhaitant au Révérendissime d'heureuses fêtes de la Résurrection, le chapitre déclare s'en tenir au mandement déhortatoire de la cour de Rome ». Malgré ses efforts de conciliation, le suffragant y perdit son latin et le prince ses prétentions, condamnées par le Saint-Siège[1].

Vers la fin de juillet de la même année (1734), une affaire d'un autre genre appela le suffragant J.-B. Haus à Bellelay. Il accompagnait, dans cette apparition à l'abbaye, le vicaire général de la Circarie de Souabe, le R^{me} Hermann, abbé de Roth, en Franconie. Des plaintes avaient été portées en cour épiscopale de Bâle contre l'administration de l'abbé Sémon. Après un interrogatoire secret, où tous les religieux furent entendus et qui ne dura pas moins de dix jours, la plupart des emplois furent changés et l'abbé mis en quelque sorte sous la tutelle de deux religieux[2]. Il est vrai que la cour de Bâle était prévenue contre cet abbé qu'on accusait de soutenir ou de favoriser les anciens droits revendiqués par le peuple contre le prince, dans les malentendus qui causèrent, de 1726 à 1748, une sorte d'insurrection dans l'évêché de Bâle.

1. Archives paroissiales de Saint-Ursanne. — *Protocoles du chapitre*, ad. ann. 1733-34. — *Hist. de Saint-Ursanne*, p. 519-20.
2. SAUCY, *Hist. de Bellelay*, 190-191.

Un acte assez curieux émanait du suffragant de Bâle, le 2 novembre 1734, daté d'Arlesheim : c'est un monitoire adressé au curé des Breuleux pour être publié au prône trois dimanches de suite. Un bœuf avait été volé sur un pâturage à un particulier de Montfavergier. A cette occasion, le suffragant lançait le monitoire suivant : « Je commande et ordonne à tous que trente jours soient assignés soit au voleur de ce bœuf soit à quiconque le détient, pour le rendre à son propriétaire Jean Richard Thourillat. Ceux qui ne le feront, ou qui le sauront sans le dire, je les excommunie et les déclare et les dénonce pour excommuniés »[1].

L'histoire ne dit pas si le bœuf fût rendu. Mais nous voyons que l'Église a su de tout temps faire respecter le septième commandant du décalogue.

L'ordination du Vendredi-Saint et du Samedi-Saint de l'année 1735 eut lieu à Porrentruy, ainsi que plusieurs autres ordinations. Le 21 décembre, fête de saint Thomas, c'était, à Arlesheim, celle de « noble Anselme de Maucler, profès de Murbach et Lure ».

Le jour de l'Epiphanie 1736, était ordonné prêtre à Colmar, avec deux capucins, un bénédictin et un autre prémontré, Philippe Joseph Maucler, prémontré à Etival, tandis que le mardi de Pâques suivant étaient ordonnés prêtres à Arlesheim les deux bénédictins de Murbach, Benoit de Béroldingen et Pirmin de Rathsamhausen, ensuite à Porrentruy, le baron de Thurn, Jean Georges Fidèle, chanoine de Moutier-Grandval, ainsi que, le Samedi-Saint de la même année, le futur évêque de Bâle, Joseph Georges Guillaume Aloyse Rinck de Baldenstein, chanoine de la cathédrale. Le 28 mai de la même année, le suffragant donnait, à Arlesheim, l'authenticité d'une parcelle du manteau de saint Joseph, qui se voit encore dans l'église de Kriegstetten près de Soleure[2].

1. Archives paroissiales des Breuleux.
2. SCHMIDLIN, *Geschichte Kriegstetten*, p. 186.

L'année 1737 fut lugubre pour l'évêque de Messala. Le 19 mars, fête de saint Joseph, Jean Conrad de Reinach, qui pleurait depuis trois ans la mort de son frère le coadjuteur, le suivait dans la tombe. Il était dans sa quatre-vingtième année, il est vrai ; mais le chagrin l'avait miné, car il avait vu tous ses efforts pour ramener la paix dans ses Etats échouer contre la double ténacité de son ministre Ramschwag d'une part, et du peuple réclamant ses anciennes libertés de l'autre.

Au milieu de ces démêlés entre prince et sujets, nous ne voyons pas le suffragant paraitre sur la scène. Il n'était question là que d'intérêts temporels. Pour lui, il restait et se confinait dans sa sphère, les intérêts purement spirituels du diocèse. Non pas qu'il pût entièrement, dans la fièvre qui agitait le pays et la cour, se désintéresser des débats brûlants qui étaient sur le tapis. Mais, sans méconnaitre les droits des sujets du prince, il ne se prononçait pas, de crainte de se mettre mal en cour. Son neveu Gobel, nous le verrons, sera plus osé et plus hardi. Il ira malheureusement jusqu'à la témérité, et même jusqu'au schisme équivalant à l'apostasie.

Le suffragant J.-B. Haus, chanoine de la cathédrale de Bâle, eut à donner son concours et son suffrage à l'élection d'un nouveau prince-évêque. L'élu du chapitre fut le prévôt, Jacques Sigismond de Reinach-Steinbrunn, âgé de 54 ans, qui fut sacré à Porrentruy le 29 juin de l'année suivante, par le nonce Doria.

Après l'assistance à cette grande cérémonie, nous voyons l'évêque de Messala retourner à Arlesheim et reprendre en paix le cours de ses ordinations, de ses consécrations d'églises et de ses confirmations, comme aussi de ses autres fonctions de vicaire général. C'est ainsi que, le 3 mars 1738, à la mort du senior du chapitre de Saint-Ursanne, le chanoine Balthasar de Staal, il ordonne de mettre les scellés sur son mobilier, désignant pour en être le gardien le prévôt Bassand[1].

1. *Hist. de Saint-Ursanne*, 538. — Archives parois. de cette ville.

Quelques « annotations », écrites de la main du suffragant, nous renseignent sur les actes pontificaux qu'il exerça en l'année 1739. Il est à regretter que ses notes se bornent à peu près à cette année-là.

« 25 juillet. Consécration de l'église paroissiale de Roggenhausen, en l'honneur de saint Wendelin.

« Dimanche, neuvième après la Pentecôte, consécration de l'église d'Oberhergen en l'honneur de saint Léger. Anniversaire de la dédicace : le dimanche après saint Mathieu.

« A la fête de saint Barthélemy, consécration de l'église de Feldkirch en l'honneur de saint Remy, évêque.

« 25 août, saint Louis. A Wittelsheim, consécration de l'église en l'honneur de saint Michel, archange. Anniversaire de la dédicace : le dimanche après les saints Simon et Jude »[1].

Ajoutons qu'en cette même année, l'évêque de Messala avait reconnu l'authenticité des reliques du martyr des catacombes romaines, saint Clément, et en avait autorisé le culte « dès que le corps saint serait habillé et orné »[2].

Le 28 juillet de la même année, le suffragant donne la tonsure dans la chapelle « domestique » de Colmar, à N. de Rozier, de Colmar. Et le vingt-troisième dimanche après la Pentecôte, dans la même ville, il donne le sous-diaconat à 7 religieux et le diaconat à 6 autres, puis la prêtrise à 8 diacres, les uns de Saverne et de Molsheim, d'autres de diverses localités d'Alsace, et un bénédictin de Moyenmoutier.

En 1740, les ordinations n'ont lieu qu'à Arlesheim et à Porrentruy. Sont ordonnés prêtres, à Arlesheim, entre autres, le quatrième dimanche après Pentecôte, noble Jean Conrad Eusèbe de Breitenlandenberg, chanoine de la cathédrale de Bâle, et à Sainte-Lucie, François Christophe de Pelletier, de Häusseren.

1. Archives de l'Evêché.
2. *Urkundenbuch Bergheim*, 208.

L'abbaye de Bellelay vit de nouveau le suffragant J.-B. Haus en septembre 1741. Le respectable abbé Sémon venait d'être condamné, comme fauteur des troubles de l'Evêché, à six ans de réclusion dans son monastère. Le suffragant J.-B. Haus, dans sa visite faite à Bellelay, de concert avec le R^{me} Caspar, abbé de Roggenbourg en Bavière, intervint avec ce prélat auprès du prince-évêque Sigismond de Reinach, pour le prier de lever les arrêts prononcés contre l'abbé de Bellelay. A quoi Son Altesse répondit qu'en considération de l'apoplexie qui menaçait l'abbé, il serait autorisé à sortir de l'enceinte de son monastère trois fois par semaine pour faire une promenade chaque fois d'une heure au plus!...[1].

Cet adoucissement apporté à une peine imméritée n'empêcha pas le R^{me} prélat de succomber à la rigueur dont il était victime, le 29 mai 1743, quelques mois à peine avant la mort de Son Altesse.

En 1742, l'évêque de Messala se montrait l'ami des lettres, en donnant son approbation à un poème très original, écrit en patois du pays par le curé Raspiler, dont les alexandrins portent ce titre pittoresque : *Les Paniers*. On appelait alors de ce nom certain vêtement de femme, très ample, spirituellement ridiculisé par la longue satire du curé de Courroux.

La même année, le suffragant intervenait à Saint-Ursanne en faveur d'un excellent organiste que le chapitre voulait s'attacher à titre de chapelain. Mais ce brave jeune homme, originaire du Brisgau, n'avait pu être reçu aux ordres sacrés par le suffragant de Constance, faute de patrimoine. Le suffragant de Bâle trouva moyen de tout concilier. Il voulut bien considérer comme titre clérical la place que lui offrait le chapitre, comme chapelain et organiste. Toutefois Fridolin Volck, c'était son nom, ne fut que deux ans à

1. SAUCY, *Hist. de Bellelay*, 199 200.

Saint-Ursanne, d'où il passa au grand orgue de la cathédrale à Arlesheim [1].

Le 16 décembre 1743 fut un jour de deuil pour l'évêque de Messala. La mort venait d'atteindre le prince Sigismond de Reinach dans son château à Porrentruy. Il n'avait que soixante ans, mais il avait traversé de violents orages. A l'ombre du drapeau français, et protégé par un régiment de dragons, il avait fait décapiter, avec une implacable rigueur, trois de ses sujets, auxquels on pouvait reprocher bien moins des crimes que des erreurs. L'ombre de ces victimes de malentendus avait dû hanter plus d'une nuit l'esprit du malheureux prince, comme la pensée de ce sang cruellement répandu avait affligé le bon et clément évêque de Messala, lequel, avec des milliers de braves et nobles cœurs, redisait ce mot : Pourquoi le prince, hélas! n'a-t-il pas su être évêque et père?...

Le suffragant de Bâle eut sa large part dans le choix du successeur des deux Reinach. Ce fut le sage et doux Joseph Guillaume de Rink, chanoine de la cathédrale. Sa mère était une Ramschwag, mais il n'avait rien de la raideur hautaine du pacha de ce nom. Il sut, par sa douceur, son affabilité et ses bienfaits, se concilier l'estime et gagner les cœurs de tous ses sujets.

Sous son règne, l'évêque de Messala eût été heureux sans le poids des années. Néanmoins la septentaine ne l'empêchait pas, en 1743, de se trouver à Bellelay, pour y bénir solennellement, le 24 août, le nouvel abbé de ce monastère, le R^me^ Grégoire Joliat, de Courtetelle, élu le 11 juin précédent, en présence du suffragant. L'évêque de Messala, qui avait célébré avec éclat la Fête-Dieu dans l'église des pieux Prémontrés, avait été assisté, dans la bénédiction du R^me^ prélat, des abbés de Lucelle et de Mariastein, les R^mes^ Nicolas Delfils et Augustin Glutz [2].

1. *Hist. de Saint-Ursanne*, 548.
2. SAUCY, *Bellelay*, 204-205.

L'année après, l'évêque de Messala fait encore toutes les ordinations, tant à Porrentruy qu'à Arlesheim. A 73 ans, avant le dix-septième dimanche après la Pentecôte, il était encore à Colmar, où il donnait les mineurs à vingt-un clercs, dont dix-huit religieux. En ce même dimanche, dernière ordination faite par le suffragant: 20 sous-diacres, 8 diacres et 6 prêtres.

Après quoi, nous lisons dans le Registre des ordinations : « Le 29 octobre 1745, à l'âge de 73 ans et 3 mois, s'est endormi pieusement dans le Seigneur le R^me^ et Ill^me^ Jean-Baptiste Haus, suffragant et vicaire général » 1).

Mort à Arlesheim, au même âge que son frère, il fut inhumé, comme lui, dans la cathédrale du diocèse de Bâle.

XXVIII.

Jean-Baptiste Joseph Gobel, évêque de Lydda (1772-1791)

Gobel! En écrivant ce nom, et rien qu'en le prononçant, pourquoi faut-il que le cœur se serre d'une émotion pénible? Eh quoi! celui qui clôt la série de nos suffragants en est, avec l'apostat Limperger, la honte et le déshonneur. Après la gloire d'une longue vie pure, remplie d'œuvres et de mérites, la trahison! Gobel a trahi son prince, sa foi, l'Eglise et le pays qu'il avait si longtemps édifié par ses vertus et ses talents.

Quelle chute! Ajoutons immédiatement : Quel châtiment de l'orgueil! Toutefois, Dieu, qui n'oublie rien, se souviendra des services rendus à l'Eglise par ce pauvre égaré. Sa miséricorde le visitera, et l'infortuné Gobel ne partagera point le sort du traître d'autrefois.

S'il en coûte de retracer, même à grandes lignes, la vie et la chute d'un homme réellement distingué, il

1) *Protocol. Ordinat.*, p. 149 et suiv.

faut cependant le faire pour terminer cette étude sur les suffragants de Bâle.

Né à Thann, le 1er septembre 1727, de François Joseph Gobel, de Colmar, et neveu, par sa mère Marie Thérèse Haus, des deux suffragants Haus, Jean-Baptiste Joseph Gobel, doué de dispositions remarquables, fit avec distinction ses basses classes à Porrentruy, puis ses humanités et sa philosophie à Colmar. Avec la double recommandation de l'évêque de Bâle et de son suffragant, le jeune Gobel, à l'âge de seize ans, n'eut pas de peine à se faire recevoir à Rome au Collége germanique. Il y entra le 28 octobre 1743[1], après avoir reçu de son oncle, à Arlesheim, la tonsure et les ordres mineurs, la même année, à l'ordination dite *Sanctæ Crucis*[2].

Dès l'année 1741, il avait été pourvu, au chapitre de Moutier-Grandval, du canonicat que son oncle et parrain, le suffragant Jean-Baptiste Haus, avait résigné en sa faveur[3], avec l'assentiment du Saint-Siége. Pendant quatre ans, il se voua tout entier et avec un rare succès à l'étude de la théologie. « Il eut toujours, dit le registre du Collége germanique[4], une conduite excellente. D'une piété solide et d'une application sérieuse à l'étude, ses succès ont été remarquables. Il a soutenu plusieurs thèses, et, avant son départ, il a fait ce qu'on appelle le grand acte théologique dans l'église du Collége romain, aux applaudissements de toute l'assemblée. Le souverain Pontife (Benoit XIV) a pourvu à tous les frais de son éducation cléricale ».

En 1747, deux ans après la mort de son oncle et protecteur, le suffragant J.-B. Haus, le docteur Gobel s'en revenait de Rome, son front de vingt ans couvert

1. *Annales du Germanique*, ad. ann. 1743.

2. *Syllab. Ordin. Haus*, ad. ann. 1743. Dans ce registre, Gobel est qualifié de *Colmariensis*.

3. *Notice sur Moutier-Grandval*, p. 56.

4. Page 217.

de lauriers. Après son retour, il continua à se livrer avec ardeur à l'étude, tout en remplissant consciencieusement ses devoirs de chanoine dans le chapitre de Moutier. Déjà alors amateur passionné de livres rares et de tableaux de prix, il se mit à former ces collections qui devaient le conduire aux dettes et à la ruine.

Le 14 mars 1750, le *prænobilis* Gobel, comme il est qualifié dans le *Diarium du séminaire de Porrentruy*, recevait, dans cette ville, le diaconat des mains de l'évêque Joseph Guillaume Rinck, après s'y être préparé par la semaine de retraite passée au séminaire [1]. Il fut sans doute ordonné prêtre la même année, ou l'année suivante, mais nous n'avons pu en trouver la date.

Quoi qu'il en soit, à la mort du chanoine de la cathédrale, Alexis de Reichenstein, en 1755, Gobel lui succéda en qualité d'official du diocèse. Deux ans après, à l'âge de trente ans, il était nommé par le prince de Rinck chanoine de la cathédrale et vicaire général de l'évêché de Bâle.

Il put alors (1757) résigner son canonicat de Moutier en faveur de son frère Jean-Jacques Gobel, licencié en l'un et l'autre droit, résignation qui reçut l'approbation du Saint-Siège [2].

L'official Gobel portait le plus légitime intérêt au séminaire diocésain, établi à Porrentruy en 1716 par le prince Jean Conrad de Reinach. Il était là, à Noël 1756,

1. *Diarium seminarii Bruntr.*, ad ann. 1750.

2. Jean-Jacques Gobel fut aussi élève du Germanique, où il passa trois années (1756-59), archidiacre de son chapitre en 1780, mort en 1802, des suites d'une chute, à Terwyler, où il était curé. Un François Joseph Gobel était curé jureur à Bernhaupt-le-Haut en 1796. François Joseph Théobald Gobel a été curé de Röschenz, puis de Laufen, de 1804 à 1816. En 1737 figure au nombre des membres de la grande Congrégation de la sainte Vierge à Porrentruy Jean Guillaume Sigismond Gobel, docteur en théologie à la Faculté romaine de la Sapience, protonotaire apostolique, chanoine et prévôt de la collégiale de Saint-Martin à Colmar, et chanoine de Saint-Théobald à Thann. Était-ce un oncle du suffragant? — Dans son *Dictionnaire d'Alsace*, Baquol dit que Gobel, qui mourut archevêque de Paris sur l'échafaud révolutionnaire, avait été, avant Berdolet, curé de Pfaffans. (Art. *Pfaffans*).

assistant à sa première messe le jeune prêtre, de noble race, François Ignace Meinrad de Rosé de Muettenberg, élève du Collège germanique comme l'official, et comme lui chanoine de Moutier-Grandval. Un autre jeune prêtre, l'année après, dira aussi sa première messe dans la chapelle du séminaire, le jour de Noël : ce sera le futur prévôt de Saint-Ursanne, François Antoine Klötzlin d'Altenach, neveu du chanoine Philippe du même nom[1].

Le 29 janvier 1757, l'official Gobel se trouve de nouveau au séminaire pour la célébration de la fête de saint François de Sales, patron de l'établissement. C'est lui qui chante solennellement l'office[2]. Le 8 septembre de la même année, il commence là sa retraite avec seize autres prêtres, parmi lesquels nous remarquons Jean Henri Jeanguenot, chapelain de la cour et du rectorat de Delémont.

L'année 1757 vit éclater une guerre qui devait se prolonger pendant sept ans. L'Autriche, ou le saint Empire, avait à se mesurer avec la Prusse née à peine d'un demi-siècle. L'impératrice Marie-Thérèse avait besoin de secours. L'évêché de Bâle fut mis à contribution. Le chapitre de Saint-Ursanne, pour sa part, eut à payer, dès 1758, sa décime, que lui réclama l'official Gobel, à raison de 538 livres, « dont il ne faut pas parler trop haut, disait l'official dans une lettre au chapitre, de crainte que les hérétiques ne l'apprennent »[3]. A remarquer qu'à cette occasion Gobel s'était fait remettre l'état de tous les revenus de la collégiale, ainsi que les comptes de la fabrique, pour asseoir la décime à payer comme subside de guerre.

L'hôpital, ou plutôt l'hospice de Porrentruy était, depuis dix ans, en pleine décadence. L'official Gobel fut chargé par Son Altesse, en 1760, de relever cet établissement de concert avec le suffragant de Besançon,

1. *Diarium seminarii Bruntr.*, ad ann. 1756-57.
2. Id., 1757.
3. *Histoire de Saint-Ursanne*, 576.

Mgr. de Ran, évêque de Rosy. Leur mission eut un plein succès. D'accord avec le magistrat de la ville, ils firent de cet hospice, qui remontait à plus de trois siècles, un vrai hôpital, où ils appelèrent, pour soigner les malades, des sœurs de Sainte-Marthe, qui s'y installèrent trois ans après[1].

Si Gobel s'intéressait à la prospérité de l'hôpital, il s'intéressait bien plus encore au collége et au séminaire. En 1760, il réussit à établir au collége une chaire de théologie spéculative ou dogmatique. L'official prenait plaisir à célébrer, avec les séminaristes et leurs directeurs, la fête de saint François de Sales, patron du séminaire.

Il écoutait, il encourageait le séminariste chargé de faire le sermon ce jour-là. Il y célébrait quelquefois la messe. Le jeudi 7 juin 1758, il y chanta l'office funèbre pour Sa Sainteté Benoit XIV, après la messe dite par Son Altesse[2]. Le prince de Rinck aurait aimé pontifier à cette occasion. Mais il commençait déjà à fléchir sous le double fardeau qui pesait sur ses épaules. Il s'était cru, dans l'ardeur de son zèle, assez fort pour se passer d'un suffragant. Il voulait tenir d'une main le sceptre, de l'autre le bâton pastoral.

Mais il s'usa vite à cette double tâche. A 57 ans, il dut renoncer à faire les ordinations et envoyer les séminaristes, avec des lettres dimissoriales, aux évêques de Strasbourg, de Lausanne et de Constance pour recevoir les saints ordres. Cependant il fit encore une ordination au château le 5 juin 1762[3]. Ce fut la dernière. Le 13 septembre suivant, il expirait dans les bras du P. jésuite Riss, son confesseur.

Les deux dernières années du prince de Rinck avaient fait sentir et regretter l'absence d'un suffragant.

1. Les trois premières furent Marie Eve Ostertag, de Porrentruy, Marie Anne Jeannerat, de Saint-Ursanne, et Marguerite Pêcheur, de Cirey. (Archives de l'hôpital).

2. *Diarium seminarii*, ann. 1758-72.

3. Id., 1761-62.

Aussi, lorsque le prince Simon Nicolas de Montjoie fut élu par le chapitre à Arlesheim, le 26 octobre de la même année, à un âge déjà avancé, il ne consentit à accepter sa double dignité qu'en portant ses regards sur le vicaire général Gobel que les chanoines promirent de faire élever à l'épiscopat comme suffragant du diocèse. Néanmoins plus de neuf ans devaient encore s'écouler avant qu'on n'en vint à cette mesure.

En attendant, Gobel continuait à remplir avec dévouement ses fonctions de vicaire général. Aux Quatre-temps de septembre 1763, nous le voyons apporter tous ses soins à disposer et à orner avec goût la chapelle du séminaire pour la première ordination qui devait s'y faire.

Le 29 juillet 1766, le vicaire général Gobel se rendit à Undervélier pour aviser aux moyens de satisfaire la population de Soulce, qui demandait d'être constituée en paroisse indépendante. Résultat : un vicaire fut adjoint au curé de Undervélier, avec traitement convenable, pour desservir Soulce les fêtes et les dimanches. Dans ce même voyage, Gobel passa à Boécourt, dont l'église menaçait ruine et décida la paroisse à la reconstruire. Il en fera lui-même la consécration solennelle le 31 août 1782.

Gobel, tout en vouant son attention aux affaires de sa charge, n'oubliait pas les siens. Une sœur du vicaire général lui avait donné un neveu nommé Jean-Baptiste, comme l'oncle, qui était sans doute son parrain. Son nom de famille était Priqueler (Brickler), du nom de son père, qui était de Colmar. En 1767, le neveu achevait ses études de collége et demandait d'aller, à l'exemple de son oncle Gobel, étudier la théologie au Collége germanique, d'où il revint, en effet, docteur en philosophie et en théologie, en 1772, à l'âge de 24 ans. Or, pour ces quatre années de séminaire, Gobel trouva bon et moyen de faire nommer son neveu chanoine de Saint-Ursanne, avec jouissance de sa prébende. Le moyen qu'il sut employer, ce fut d'obtenir de l'empereur

Joseph II, en faveur du jeune Priqueler, un diplôme de ce qu'on appelait les premières prières, expression d'un désir équivalant à un ordre[1]. Nous verrons que la reconnaissance du neveu ira jusqu'à suivre l'oncle dans les plus déplorables égarements.

De son côté, Gobel voulut lui aussi se montrer reconnaissant envers le chapitre de Saint-Ursanne. La ville élevait, au sujet des forêts de la banlieue, des prétentions qui blessaient les droits plusieurs fois séculaires du chapitre. Les avocats consultés à Colmar, Kieffer, Queffemme, Chauffour et Dupont, affirmaient hautement les droits du chapitre. Gobel s'en vint, le 10 août 1769, reconnaitre ces droits contestés, mais engager en même temps le chapitre à éviter, par une sage conciliation avec la ville, les frais et les longueurs d'un procès. Cette transaction, dont Gobel posait alors les bases, eut lieu en effet, mais seulement sept années après (14 septembre 1776)[2].

Gobel était alors, depuis quatre ans, suffragant de Bâle. En septembre 1771, le prince-évêque Simon Nicolas subit une attaque d'apoplexie aggravée par son âge. Il avait ses soixante-dix-huit ans bien comptés. Il comprit qu'un auxiliaire à ses côtés ne serait pas de trop et désigna comme suffragant Jean-Baptiste Joseph Gobel, pour lequel il obtint du Saint-Siège le titre d'évêque de Lydda i. p. i.

Le 22 mars 1772, troisième dimanche de Carême, Bellelay était en fête. Dans l'église du monastère, richement parée, avait lieu le sacre de l'évêque-suffragant de Bâle au milieu d'un immense concours d'ecclésiastiques et de fidèles, avec déploiement de soldats et de dragons sous les armes. Le prélat consécrateur fut Mgr. Joseph Nicolas de Montenach, évêque de Lausanne, remplaçant son ami octogénaire, le prince de

1. *Histoire de Saint-Ursanne*, 597. *Registre des alumni du Germanique*, ad. ann. 1772.
2. *Histoire de Saint-Ursanne*, 590, 595.

Montjoie. Les deux prélats consécrateurs furent l'abbé de Mariastein, le R^me^ Jérôme Brunner, de Balstall, et l'abbé de Lucelle, le R^me^ Grégoire Girardin, de Delle [1].

Trois jours après, les deux mêmes prélats assistaient dans la même église abbatiale de Bellelay, le nouveau suffragant dans la bénédiction solennelle qu'il donna au nouvel abbé du monastère, le R^me^ Nicolas de Luce, de Porrentruy. « La cérémonie a duré plus de quatre heures, et il y avait plus de trente prêtres » [2].

Après cette brillante inauguration de son ministère épiscopal, Gobel s'en revint à Porrentruy, où il fit sa première ordination le samedi *Sitientes*, suivie d'une seconde le dimanche des Rameaux [3].

Le jeudi saint, l'évêque de Lydda était à Saint-Ursanne, où il consacrait les saintes huiles dans l'antique collégiale du chapitre, tout heureux de cet honneur.

Bellelay ne tarda pas à revoir, au milieu de ses pieux fils de saint Norbert, le suffragant Jean-Baptiste Joseph. Le 25 août, il était là recevant gracieusement l'hommage de thèses théologiques qui lui étaient dédiées par un jeune Père de Bellelay, Jean Georges Voirol. Puis il honorait de sa présence la défense de ces thèses, les deux jours suivants, pendant neuf heures, par le jeune théologien, contre divers opposants, dont trois docteurs en théologie, des professeurs de Mariastein et de Lucelle, des PP. Jésuites et Capucins. Le suffragant fut si enchanté de la science et des talents du jeune prémontré, qu'il l'envoya à Rome pour compléter ses connaissances au Germanique, en lui associant pour le voyage et comme élèves de ce grand institut François zu Rhein, d'Alsace, et le chanoine de Saint-Ursanne, Henri Hubert Régis de Grandvillars [4].

1. Voirol des Genevez, *Mémoires*, ann. 1772.
2. Id.
3. *Diarium seminarii Bruntr.*
4. Lettre du P. Jourdain à son neveu, apothicaire en chef de l'hôpital militaire de Colmar. (Original aux Genevez).

L'apparition de l'évêque de Lydda à Bellelay avait encore un autre but. Le lendemain de la disputation des thèses, il eut à faire, avec le R[me] George, abbé de Roggenbourg en Bavière, la visite canonique du monastère. Les deux visiteurs y trouvèrent tout en ordre et ils n'eurent que des éloges à donner et des honneurs à recevoir[1]. L'avant-veille de cette visite, le suffragant avait poussé une pointe jusqu'à Saignelégier où il avait donné, dans la matinée, la confirmation aux ressortissants de cette paroisse et des paroisses de Montfaucon, de Noirmont, des Bois et des Breuleux, à l'exclusion des étrangers, soit Comtois soit Alsaciens[2].

La même année eut lieu la consécration de la nouvelle église de Delémont par le suffragant Gobel[3].

Le 25 septembre 1714, Gobel faisait une ordination à Porrentruy. Le P. Germain Domat, de Bellelay, en sortait prêtre pour célébrer sa première messe dans son monastère le lendemain, fête de la dédicace de l'église abbatiale[4].

Comme le prince-évêque, le suffragant Gobel eut son aumônier. Ce fut d'abord le conseiller ecclésiastique de la Cour, François Ferdinand Démange, de Delémont. Mais ayant été nommé curé d'Alle dès l'année 1772, il fut remplacé le 20 mars 1775 par le docteur Priqueler, chanoine de Saint-Ursanne et neveu de l'évêque de Lydda[5].

Ce fut une des dernières nominations faites par le prince de Montjoie. Le 5 avril 1775, à l'âge de 82 ans, il succombait à une dernière attaque d'apoplexie et fut inhumé dans le caveau des princes-évêques à l'église du collége. Devant le corps, un instant déposé dans l'église paroissiale, l'abbé de Marbach célébra pontifi-

1. *Histoire de Bellelay*, p. 218-19.
2. Archives paroissiales de Saignelégier; archives de l'évêché.
3. SÉRASSET, *Abeille du Jura*, 282.
4. *Journal d'un Prémontré*, aux Genevez.
5. Lettre du chanoine de Saint-Ursanne Aloyse de Billieux à son frère, chanoine à Zurzach.

calement la messe des morts ; puis, dans l'église du collége, ce fut le tour de l'évêque de Lydda et de l'abbé de Bellelay[1].

Après avoir rendu les honneurs funèbres à son illustre bienfaiteur, le suffragant Gobel eut à s'occuper activement du choix à faire par le chapitre d'un nouveau prince-évêque. Deux noms étaient mis en avant par les membres du chapitre : Frédéric de Wangen et Joseph de Roggenbach. Le premier était plus sympathique à Gobel, qui lui donna son suffrage[2]. Le chanoine de Wangen fut élu et donna toute sa confiance au suffragant de l'évêché. Il voulut recevoir de ses mains le sacre épiscopal que lui conféra à Bellelay, le 3 mars 1776, deuxième dimanche de Carême, l'évêque de Lydda, ayant pour assistants l'abbé de Lucelle, le Rme Grégoire Girardin, et l'abbé de Bellelay, le Rme Nicolas Deluce. Dès le vendredi précédent, Gobel était arrivé avec son neveu et aumônier Priqueler, conseiller ecclésiastique, à l'abbaye, afin de tout disposer pour la réception et le sacre de l'évêque de Bâle. Le lendemain de la cérémonie, qui fut grandiose[3], le suffragant confirme le juif converti Abraham Einstein, baptisé à Bellelay le 6 janvier précédent, puis il retourne à Porrentruy à la suite du prince, pour prendre part au festin donné à la cour par Frédéric de Wangen le jour de sa fête (5 mars).

En 1777, l'évêque de Lydda eut l'occasion de saluer à la cour du « beau prince », comme on appelait Frédéric de Wangen, la princesse Christine de Saxe, tante de Louis XVI et abbesse du noble chapitre de Remiremont. Il fut de même témoin de la réception splendide faite, la même année, à l'ambassadeur de France en Suisse, le comte de Charles de Vergennes.

1. Vautrey, *Jura bernois*, IV, 151.
2. V. Kœtschet, *Histoire du pays de Porrentruy*, manuscrit de la Bibliothèque de l'Ecole cantonale de Porrentruy.
3. On peut en lire la relation détaillée dans l'*Histoire de Bellelay*, par le chanoine Saucy, p. 220-221.

Les pourparlers qui eurent alors lieu avec l'ancien ministre de Louis XVI à la cour de Bâle valurent au suffragant Gobel l'honneur d'une double mission qui lui fut confiée par le prince de Wangen, et que son habileté sut mener à bonne fin.

Depuis 250 ans, les évêques de Bâle résidaient à Porrentruy, dont ils étaient les seigneurs temporels, ainsi que de toute l'Ajoie actuelle. Là, ils commandaient comme princes, mais ils n'avaient rien à dire comme évêques. La ville de Porrentruy et dix-neuf autres paroisses qui l'entouraient avaient continué d'être, comme avant le protestantisme, sous la juridiction de l'archevêché de Besançon. C'était là une situation anormale. Pour y remédier, le prince de Wangen trouva bon d'offrir à l'archevêque de Besançon, Mgr. Durfort, en échange de ces vingt paroisses, dont Frédéric était le prince et non l'évêque, 29 paroisses du diocèse de Bâle situées dans la partie française de la Haute-Alsace, dans les environs de Belfort. Il fallait pour cela le double assentiment de l'archevêque de Besançon et du roi de France. Pour l'obtenir Gobel fut envoyé à Paris, où il passa près de deux années en négociations laborieuses, tant avec le gouvernement français qu'avec Pierre de Fraigne, représentant de Mgr. Durfort. Le 4 août 1779, le suffragant était de retour de Paris, car à cette date il consacrait l'église de Bassecourt. Mais sa mission avait été couronnée d'un plein succès. Le 17 novembre suivant, l'accord était conclu et signé à Paris par devant les conseillers du roi et notaires au Châtelet. Une des conditions de l'acte d'échange, souscrite par Gobel et ratifiée par le prince de Wangen, fut que l'évêque de Bâle ferait présent à l'archevêque de Besançon et à ses successeurs d'une croix pectorale en or, avec cette inscription : *Archiepiscopo Bisuntino grati animi monumentum offerebant Episcopus et ecclesia Basileensis.* Après la mise en exécution du traité pour l'échange effectif des paroisses, qui eut lieu le dimanche, 20 janvier 1782, le chanoine d'Eberstein fut envoyé par l'évêque de Bâle à Besançon pour porter à l'archevêque la première croix pectorale [1].

Ce fut aussi la dernière.

Un autre traité qu'eut à négocier à Paris le suffragant Gobel, de concert avec l'abbé de Raze, ministre en cour de France du prince-évêque de Bâle, ce fut l'alliance à conclure entre Sa Majesté très chrétienne et Son Altesse. Ce traité fut signé à Versailles le 20 juin 1780 par le ministre secrétaire d'État Gravier de Vergennes, au nom du roi, et par le suffragant J. B. J. Gobel et l'abbé de Raze, au nom du prince-évêque. L'alliance était conclue pour un terme de cinquante années [2]. Elle dura douze ans, et, par une interprétation perfide d'un de ses seize articles, nous la verrons, au souffle du « député » Gobel, ouvrir la porte de l'évêché de Bâle, en 1792, aux troupes françaises et à toutes les horreurs de la Révolution.

Tout en faisant les affaires de l'évêché et de la principauté de Bâle, Gobel, dit un contemporain, ne négligeait pas les siennes. Il ne revint de Paris que pourvu par Louis XVI d'une pension sur l'archevêché de Paris. C'était un revenu annuel de 14.000 livres [3]. L'or, à ses yeux, valait mieux qu'un titre de noblesse. L'or, d'ailleurs, beaucoup d'or était nécessaire à ce prodigue intrépide.

« A Paris, pendant la négociation des traités, il dépensait, dit le P. Voirol dans son journal, ses 50 louis par mois », ce qui ferait de nos jours de 4000 à 5000 francs. Il ne faut donc pas s'étonner si, malgré ses 24.000 livres de revenus, les dettes de Gobel s'élevaient, en 1789, à plus de 200.000 francs. Aussi craignait-on sa visite dans les paroisses, auxquelles l'évêque de Lydda et sa suite occasionnaient de gros frais [4].

1. Archives de l'ancien évêché de Bâle.
2. Ibid.
3. KOETSCHET, *Histoire manuscrite du pays de Porrentruy.*
4. Cfr. *Histoire de Saint-Ursanne*, 612.

Le prince de Wangen ne jouit pas longtemps du bénéfice de ces deux traités. Le 11 octobre 1782, il mourut des suites d'une carie de dents, dans les bras de son suffragant. C'était plus qu'un bienfaiteur, c'était un ami que perdait Gobel. Le 17 novembre suivant, l'évêque de Lydda pontifiait dans l'église paroissiale en présence de tout le chapitre accouru à Porrentruy pour le choix d'un nouveau prince-évêque. L'élection eut lieu huit jours après, presque hâtivement, dans la salle de récréation du collége, après la messe chantée par le suffragant, qui avait donné la sainte communion à tous les nobles chanoines.

Pour déjouer certaines intrigues, dont on se doutait, on pressa le vote, et le chanoine Joseph de Roggenbach emporta l'unanimité des suffrages. De la sorte, le prince Louis de Rohan, évêque de Strasbourg, en fut pour ses frais et ses démarches auprès de l'empereur Joseph II, lequel, au reste, avait fait répondre au prince de Rohan « qu'il ne voulait point gêner les chapitres d'Allemagne dans leurs élections [1].

Le 26 décembre suivant, le suffragant bénissait solennellement une cloche pour la congrégation des bourgeois de Porrentruy, qui avait ses réunions dans l'église du collége.

Une nouvelle fête, un nouveau sacre appelait l'évêque de Lydda à Bellelay le 24 août 1783. L'abbé de Hauterive, Bernard Emmanuel de Lanzbourg, venait d'être élevé par Pie VI au siége épiscopal de Lausanne. Il eût aimé recevoir sa consécration de l'évêque de Bâle. Mais le prince de Roggenbach, n'étant pas encore sacré lui-même, se fit représenter par son suffragant pour cette importante cérémonie.

Ce n'est que le 28 octobre suivant qu'eut lieu le sacre de l'évêque de Bâle. L'archevêque de Besançon,

1. *Journal du P. Voisard*, 16-17.

Mgr. de Durfort, fut le prélat consécrateur, assisté de son propre suffragant, Mgr. de Rosy, et de Mgr. Gobel, suffragant de Bâle, qui semble n'avoir pas été charmé de ce rôle secondaire.

L'année suivante, l'évêque de Lydda arrivait à Saint-Ursanne le 28 avril, pour y passer avec sa suite le mois de mai tout entier. Il profita de ce séjour pour faire sa visite procépiscopale à Epauvillers, le 9 mai, mais « non sans frais », disent les archives de cette paroisse.

La longue visite faite par le suffragant au chapitre de Saint-Ursanne avait pour objet une enquête approfondie pour donner une solution équitable au différend grave qui s'était élevé entre les chanoines et leur prévôt. En vue d'aplanir toute difficulté, on décida l'élaboration de nouveaux statuts, ou la révision des anciens[1].

Moins d'une année après, Gobel faisait une nouvelle apparition à Bellelay. Il y arrivait le jeudi 1er août avec le promoteur Voisard, pour présider à l'élection d'un successeur du célèbre abbé Deluce, ravi par la mort, le 24 mars précédent, à son monastère et au brillant pensionnat qu'il y avait fondé. Sous les yeux du suffragant, le quarante-deuxième et dernier abbé de Bellelay fut élu par ses frères dans la personne du P. Ambroise Monnin, de Bassecourt. Le 23 mai suivant eut lieu la bénédiction solennelle du nouvel abbé. Ce ne fut pas le suffragant, mais l'évêque de Bâle, qui vint la donner lui-même. Par contre, le 3 juin suivant, l'évêque de Lydda ordonnait prêtres, à Porrentruy, neuf religieux de cette abbaye[2].

Un sujet de graves préoccupations pour le suffragant Gobel, ce fut la situation faite au collège des Jésuites par la suppression de leur ordre en 1773. L'évêque de Lydda portait à cet établissement le plus vif intérêt.

1. *Histoire de Saint-Ursanne*, p. 612, 827.
2. *Journal du P. Voirol*.

En 1785, il portait le titre de principal de ce collége, bien qu'il n'eut pas le temps d'en remplir les fonctions. Elles étaient laissées à un sous-principal. Cependant, aprés avoir mis le collége sur un meilleur pied par un nouveau règlement, Gobel se démit de son titre de principal en faveur du professeur Cuénin, ancien Jésuite, afin de lui donner, comme chef de l'établissement, plus de force et d'autorité [1].

Le 26 novembre de l'année suivante (1786), le suffragant assiste, avec l'abbé de Bellelay, l'évêque de Bâle, donnant la bénédiction solennelle, à Porrentruy, au nouveau prince-abbé de Murbach, le baron d'Andlau de Hombourg, élu le 17 mai précédent sous la pression des commissaires royaux et en présence de l'évêque de Lydda, commissaire ecclésiastique pour le roi de France et pour l'évêque de Bâle. Le suffragant venait alors de donner le sacre épiscopal au suffragant de Strasbourg, Mgr. Lans, dans l'église abbatiale d'Ebersmünster.

Gobel, à cette époque, était encore l'*ange de Lydda*, comme l'appelait le peuple en admirant sa piété, son recueillement et sa majesté dans l'accomplissement de ses fonctions pontificales. Mais voici venir les événements de 1789 à 1794, et l'infortuné Gobel ne sera bientôt plus, hélas! qu'un ange déchu. L'ambition le perdra et peut-être aussi son désir sincère de payer ses immenses dettes.

Une page inédite de l'auteur de l'*Histoire du pays de Porrentruy* [2], va jeter une certaine lumière sur les allures que va prendre le suffragant de Bâle.

« Chargé de toutes les fonctions épiscopales sous les deux évêques précédents, Gobel en fut éloigné par le prince de Roggenbach, qui voulut les remplir lui-même. Non content d'avoir retiré sa confiance au suffragant

1. Vautrey, *Histoire du collége de Porrentruy*, 173.
2. Kœtschet, *Manuscrit.*

et l'administration du diocèse, le prince prenait à tâche de l'humilier et de le mortifier en toute occasion. Il lui disait en pleine table : « Monsieur Gobel, allez à votre chapitre d'Arlesheim, je n'ai pas besoin de vous », etc. M. Gobel, las de souffrir, avait conçu une haine implacable contre le prince et cherchait tous les moyens de se venger et de se retirer de la cour. C'est pourquoi, ayant des connaissances tant à Rome qu'à Paris, il fit toutes les démarches possibles pour ôter à l'évêque de Bâle la partie de son diocèse située en Alsace (et les prêtres alsaciens n'en eussent pas été fâchés), afin de se faire nommer évêque à Colmar. Il n'en vint pas à bout. La cour de Porrentruy eut connaissance de ses intrigues et les déjoua ».

Le froid que signale l'historien contemporain entre le prince et le suffragant avait plus d'une cause. En voici une qu'il nous rapporte. Elle rappelle ce mot de Talleyrand : « Où est la femme? »

Le suffragant Gobel avait une nièce, sœur de son aumônier, le chanoine Priqueler. Cette demoiselle qui avait su gagner les bonnes grâces de son oncle, avait épousé le trop fameux Rengguer de la Lime, employé de la cour, l'ardent promoteur de la Révolution dans l'évêché de Bâle. Or, dit M. Kretschet, « ceux qui ont examiné toutes ses démarches, se sont aperçus que trois motifs l'avaient poussé à la révolte contre son prince : 1° l'évêque de Lydda qui ne souffrait pas Son Altesse, comme on l'a déjà dit ; 2° des querelles que son épouse (la nièce de Gobel) avait eues avec les dames de Schönau, et où le prince ne lui avait pas donné raison ; 3° une sotte ambition de se voir le premier du pays, si comme en France il pouvait renverser le Gouvernement ».

Le second motif donné ci-dessus est de nature à expliquer bien des choses à qui sait ce que peut une femme orgueilleuse, entreprenante et d'une audace allant jusqu'à l'impudeur. Or, telle nous apparaît cette femme, qui ira jusqu'à faire de sa fille, en 1793, une déesse de la Raison [1].

On voit avec quelle impression Gobel se rendit à Belfort, où il fut envoyé, en avril 1789, par Roggenbach pour le représenter aux élections d'un député aux Etats généraux. Gobel, « qui était un beau parleur, et qui ne craignait pas de faire de riches cadeaux pour se procurer des amis » [2], n'eut pas de peine à se faire élire par le clergé de Belfort-Huningue. Il pouvait enfin fuir cette cour épiscopale où il se trouvait à la gêne et à l'étroit. Il fuyait sans regret de sa part, comme sans regret de son prince et de son évêque. A Versailles, à Paris, il continua à mener grand train. De là emprunt sur emprunt, partout où il pouvait encore trouver un prêteur.

Quant à l'attitude prise par Gobel au sein de l'Assemblée nationale, un fait suffit pour la dépeindre : c'est l'isolement dans lequel il se réfugia pour ne pas signer, avec ses plus vaillants collègues de l'Alsace, les protestations émises par eux contre les décrets mettant tous les biens ecclésiastiques à la disposition de la Nation, puis ordonnant la mise en vente pour 400 millions de ces biens déclarés « nationaux ». (2 novembre et 19 décembre 1789).

Si Gobel, dans une question aussi grave, sut se dérober et garder une lâche réserve, il alla plus loin dans une question non moins grave. Le 13 février 1790, dans les débats qui préparaient la suppression des vœux monastiques votée deux jours après, le noble et courageux abbé d'Eymar ayant dit en pleine séance qu'il était chargé d'exprimer à l'Assemblée le vœu de l'Alsace tout entière, demandant la conservation de quelques maisons religieuses, Gobel ne rougit pas de protester

1. GUÉLAT, *Mémoires inédits*, passim.
2. KŒTSCHET, ouvrage cité.

hautement, avec le prince de Broglie, contre cette affirmation de l'abbé d'Eymar [1].

Gobel se déclarait donc pour la suppression totale et violente de toutes les maisons religieuses dans cette Alsace qui l'avait chargé de défendre les intérêts de la religion aux États généraux.

Déjà deux fois traître à son mandat, il le trahit une troisième fois lorsque l'Assemblée nationale, par son vote sacrilège du 12 juillet 1790, prétendit imposer à la France une constitution ecclésiastique, fabriquée à la hâte par un de ses députés, le janséniste Camus, et renversant par la base tout l'édifice de la constitution divine, donnée à son Église par le Christ lui-même.

Gobel fit mine, il est vrai, dans un discours pâle et froid, de battre en brèche, moins le projet de la Constitution civile du clergé que quelques dispositions de ce projet, pour lesquelles il demandait « naïvement et suivant sa conscience (!) de trouver un moyen conciliateur ». Mais, tandis que l'évêque de Bâle, à la suite de trente évêques, élevait la voix pour protester contre ce nouvel attentat aux droits sacrés de l'Église, Gobel se préparait à y donner la main.

Il le fit avec un éclat sinistre le 2 janvier 1791. Montant à la tribune de l'Assemblée, il n'eut pas honte de demander humblement d'être admis à prêter le serment sacrilège et schismatique, imposé à tout évêque et à tout curé, par le décret persécuteur du 27 novembre précédent. Le malheureux descendit jusqu'à l'humiliation de demander pardon à l'Assemblée du retard qu'il avait mis à cette démarche, le mettant sur le compte d'une « altération de santé qui l'avait retenu dans sa chambre ».

« L'infortuné évêque de Lydda vient de franchir la dernière barrière. Rien ne l'arrêtera plus désormais. Il ira de chute en chute, de trahison en trahison, jusqu'à l'apostasie » [2].

1. WINTERER, *La persécution religieuse en Alsace*, p. 23.
2. Ib., *op. cit.*, p. 41.

En voyant ainsi l'évêque de Lydda, l'ange d'autrefois, rouler d'abime en abime, on est tenté de croire qu'il était bien réellement atteint d'une « altération de santé », ou, pour parler net, d'un ramollissement du cerveau. C'est là le seul pan de manteau que l'histoire puisse jeter sur le reste de sa vie.

Marchant en aveugle sur les pas de l'impie Talleyrand, Gobel s'empressa, dès le 24 février 1791, d'assister avec un autre évêque, jureur comme lui, l'évêque d'Autun dans le sacre criminel des deux intrus, les curés jureurs Expilly et Marolle, nommés par le peuple, et usurpateurs, le premier de l'évêché dit du Finistère (Quimper), le second du siège dit de l'Aisne (Laon).

A cette démarche plus qu'audacieuse, Gobel mit le comble, lorsque, élu, le dimanche 6 mars, par les cercles électoraux de Colmar, de Chaumont et de Paris, il accepta sans effort sa prétendue nomination comme « archevêque de la Seine », et, sept jours après, se laissa ou se fit installer avec toute la pompe révolutionnaire sur le siège usurpé du vénérable Mgr. de Juigné, seul archevêque légitime de Paris. C'est deux jours après cette installation sacrilège que l'intrus Gobel écrivit à l'évêque de Bâle la lettre hypocrite que l'on sait, et à laquelle le prince de Roggenbach répondit avec une dignité et une noblesse qui n'exclut pas une pointe de fine ironie, qu'il acceptait la démission offerte par Gobel comme vicaire général et suffragant de Bâle. « Votre élévation à un siège aussi important que celui de la capitale du royaume de France, disait le prince, me fera un véritable plaisir, lorsque vous m'annoncerez que le Saint-Siège, auquel je vous ai toujours vu religieusement soumis, aura confirmé votre élection ».

L'évêque de Bâle savait qu'il n'en serait rien. Après avoir, dans un bref adressé à l'évêque de Bâle dès le 11 décembre 1790, mis à néant les aspirations de Gobel à un nouveau siège épiscopal à créer à Colmar, Pie VI s'apprêtait à frapper des foudres de l'Eglise et la Constitution civile du clergé et les évêques ou les prêtres, qui avaient prêté le serment à cette œuvre qui foulait aux pieds tous les droits hiérarchiques de l'Eglise.

C'est ce qui eut lieu le 13 avril suivant (1791). Un bref du pape parut enfin, condamnant cette Constitution, portant suspense contre tout ecclésiastique de tout rang ayant prêté le serment demandé, et déclarant nulles et sacrilèges les nouvelles élections, ainsi que les consécrations épiscopales faites en vertu de cette prétendue loi de l'Etat ou plutôt de la Révolution.

Dès lors, il ne restait à Gobel qu'une alternative : ou se retirer de la fange dans laquelle il venait de se plonger, s'il le pouvait encore, ou s'y enfoncer davantage en bravant l'excommunication dont il était frappé. Il suivit sans honte ce dernier parti. Le malheureux était trop avancé pour reculer. Il essaya, comme tant d'autres intrus, de nier le bref de Pie VI. C'était joindre inutilement le mensonge éhonté à l'usurpation sacrilège.

D'ailleurs, il était à peine installé à son poste d'honneur (!), que, fuyant Porrentruy le 19 mars, la veille de l'arrivée des Autrichiens dans cette ville, Rengguer, le grand agitateur de l'évêché de Bâle, accourait à Paris se réfugier auprès de son oncle. Il lui apportait ses doléances et ses colères, non plus seulement parce que le prince de Roggenbach ne l'avait pas voulu comme chancelier, malgré les instances de Gobel, mais parce qu'il voyait échouer ses projets révolutionnaires par la présence des défenseurs armés du trône et des droits du prince-évêque de Bâle.

Rengguer n'eut pas de peine à persuader à Gobel de mettre tout en œuvre pour chasser de l'évêché ces troupes étrangères. Aussi voyons-nous l'ex-suffragant, appuyé par Robespierre et le colmarien Reubell, monter à la tribune de l'Assemblée législative le 21 juillet, pour accuser de tyrannie et de trahison le prince-évêque de Bâle, et lui faire demander le renvoi des troupes autrichiennes, et cela au nom de l'article 3 du traité conclu avec la France en 1780, article ainsi conçu : « Le Roi et le prince-évêque de Basle s'engagent réciproquement de ne pas souffrir que leurs ennemis et adversaires respectifs s'établissent dans leurs pays, terres et seigneuries, et de ne leur accorder aucun passage pour aller attaquer ou molester l'autre allié, promettant réciproquement de s'y opposer, même à main armée, si la nécessité le requiert. Les deux parties conviendront ensemble, le cas échéant, des moyens nécessaires pour procurer la paix de leurs Etats, en fermant les passages par lesquels leurs ennemis ou adversaires y pourraient pénétrer ». Aux récriminations tirées de cet article, Gobel ne craignait pas d'en ajouter d'autres : « Le prince de Roggenbach, disait-il, offre asile dans ses Etats aux prêtres non assermentés; il va jusqu'à troubler par ses écrits insidieux le repos des habitants du Haut-Rhin ». On voit ici le zèle ou plutôt la haine de l'ange excommunié [1].

Les philippiques de Gobel n'eurent pas l'heure d'émouvoir l'Assemblée. On se borna à députer au prince l'ambassadeur de France à Soleure, M. Bacher, pour informations, et Gobel en fut pour ses frais de tribune et d'éloquence.

Cependant l'heure impatiemment attendue sonna enfin. L'empereur Léopold étant mort le 1er mars 1792, et la guerre ayant été déclarée à l'Autriche par la France, le moment était venu de faire valoir contre le prince-évêque de Bâle le fameux article 3 du traité conclu « pour cinquante ans » avec la France.

1. Excommunié! Gobel l'était en effet, ne fût-ce qu'en continuant avec effronterie à exercer les fonctions épiscopales, lui à qui elles avaient été formellement et nommément interdites par le bref de Pie VI condamnant les intrus avec leur mère la Constitution civile. Car, dans cet acte du chef suprême de l'Eglise, Gobel était déclaré coupable de parjure, ayant encouru la haine des gens de bien en abandonnant la doctrine de l'évêque et du chapitre de Bâle, dont il était suffragant, et ayant osé d'une main sacrilège consacrer des Massieu, des Laurent, des Seguin, etc., comme évêques, pour les églises de Beauvais, d'Evreux, de Besançon (le 27 mars), etc... Le souverain Pontife concluait en suspendant de tout exercice de l'ordre épiscopal Jean-Baptiste, évêque de Lydda, ce qui n'en arrêta point ledit Jean-Baptiste dans sa rage de sacrer de misérables intrus comme lui.

Cette fois, Gobel eut beau jeu. Il put donner carrière à sa haine « implacable » contre Joseph de Roggenbach. Il n'eut plus de peine à obtenir enfin du ministre Dumouriez l'objet de ses rêves : l'invasion de l'évêché de Bâle par les volontaires de la Révolution. D'Huningue par Altkirch accourut, en effet, le général de Custine avec son lieutenant Ferrières, à la tête de 4000 hommes. Le 2 mai l'évêché était envahi. Le prince n'avait eu que le temps de s'enfuir à Bienne le 29 avril, tout en congédiant, le même jour, les 600 Autrichiens qui depuis un an, formaient sa garde et sa garnison.

La fuite du prince et de sa garde avait rouvert à l'agitateur Rengguer les portes de l'évêché. Il se hâta, sous les plis du drapeau de la Convention, d'y mettre tout en conflagration, et d'y proclamer et la déchéance du prince et l'avènement de la République rauracienne. Mais pour le triomphe de sa politique révolutionnaire, il fallait l'action et la présence de l'oncle Gobel. Celui-ci, à l'appel du neveu, se fit déléguer, le 28 octobre, par le Conseil exécutif de France, auprès du général Lauzun de Biron, commandant en chef de l'armée française sur le Rhin, pour se concerter avec lui à Strasbourg sur l'organisation à donner au pays conquis. Gobel fit signer au général une proclamation, à la date du 10 novembre, adressée « aux citoyens habitant le pays de l'évêché de Bâle », ordonnant aux troupes françaises de ne plus reconnaître l'autorité du prince « sur les peuples du ci-devant évêché, proclamant libres de leurs anciens maîtres les citoyens dudit pays, et invitant toutes les communes à nommer des députés pour se constituer en Assemblée nationale, afin d'y arrêter la forme et le choix d'un nouveau gouvernement »[1].

Porteur de cette proclamation, donnée par Biron « au nom de la République française », Gobel arrive, avec Priqueler, à Porrentruy le lundi 3 décembre suivant.

1. Archives de l'ancien évêché de Bâle.

« Il y fut reçu, dit un témoin oculaire, au bruit du canon. La ville a été illuminée le soir, à 7 heures, qu'il en a fait le tour au milieu des troupes de la ville (deux compagnies) et des volontaires français, accompagné de la musique et d'une foule qui répétait continuellement : Vive la nation! vive l'évêque de Paris! »[1]. Un autre témoin ajoute ce navrant détail : « D'abord après son arrivée à Porrentruy, on le vit parcourir les rues de la ville, escorté de la plus vile populace, la tête affublée d'une queue de renard, au son d'une musique qui faisait retentir l'air des cannibales, donnant des accolades à tous les manants, à toutes les poissardes qu'il rencontrait. On le vit, ô bassesse inconcevable! on le vit se prosterner dans la boue au pied de l'arbre de la liberté! »[2].

« L'évêque de Lydda, dit un troisième chroniqueur, se montra patriote enragé. Il fit des choses bien indignes d'un évêque. Couvert d'un bonnet rouge de jacobin, il prenait de vieilles femmes par la main pour danser avec elles autour de l'arbre de la liberté. Tous les honnêtes gens furent scandalisés et indignés des extravagances de cet évêque, qui avait passé pour un saint dans le pays quelques années auparavant. Il parait que cet homme avait perdu tout sentiment de religion et de honte[3] ».

On sait qu'après le départ du prince, le général Demars, arrivé dans l'évêché le 26 novembre en qualité de commandant des troupes françaises, avait fait arrêter à Arlesheim comme ôtages, par trente dragons français, et amener prisonniers à Porrentruy, le lundi 24 décembre, quatre membres du Haut-Chapitre : le grand-doyen de Rosé, l'archidiacre de Blarer et les chanoines de Reinach et de Rinck. Ils venaient remplacer les chanoines

1. GUÉLAT, *Remarques pour servir à l'histoire de la Révolution dans les Etats de l'evêché de Bâle*, 3 décembre 1792.
2. SCHEPPELIN, *Relation*, p. 67.
3. KŒTSCHET, *Histoire du pays de Porrentruy*.

d'Eberstein et Reibel, qui avaient été relâchés le samedi 22 décembre [1].

« On les garde en ôtages, dans des chambres séparées, au château, où ils vivent à leurs dépens de l'auberge, jusqu'à ce que l'argenterie emportée par le prince soit rendue au château ». Et le lendemain, le chroniqueur ajoute : « Les quatre chanoines se sont préparés à la mort ».

Or, reprend le contemporain Kœtschet, « Gobel, aussi imprudent que l'abbé Lémane, osa, comme lui, aller faire visite aux quatre reclus du château. Comme Lémane, il osa plusieurs fois leur proposer de diner avec eux. Bien entendu qu'on ne lui refusa pas, pas plus qu'à Lémane. On savait qu'ils étaient dans la manche du général (Demars), et que ce monstre était bien capable de se venger contre ceux qui sauraient déplaire à ses créatures. Qu'on juge du plaisir que pouvaient trouver ces chanoines à manger et à discourir avec ces deux hommes, qu'ils regardaient avec raison comme leurs plus cruels ennemis et qu'ils savaient être des impies et des apostats. Ajoutez que ces deux scélérats ne leur tenaient que des discours révolutionnaires et contre la religion. Entre autres, l'évêque de Lydda leur disait que la France saurait bien forcer le pape à ratifier tous les changements qu'elle avait faits dans la religion, tels que le serment des prêtres, la nomination des évêques par le peuple, l'abolition des couvents, le divorce, etc. Tous ces beaux discours, ajoute naïvement le chroniqueur, étaient sans doute de nature à faire faire une bonne digestion à MM. les chanoines de la cathédrale ».

Pour clore cet épisode, qui peint au vif le dévoyé Gobel, disons que le soir même du jour où il quitta Porrentruy, le 11 janvier 1793, les quatre chanoines étaient élargis et partaient en voiture pour gagner

1. GUÉLAT, op. cit.

Arlesheim et de là Constance, où s'était retiré l'évêque Joseph de Roggenbach, et où il mourut le 9 mars 1794, un mois et quelques jours avant la « guillotinade » de son ancien suffragant.

Celui-ci, à peine arrivé à Porrentruy, eut hâte de faire publier dans cette ville et dans tout le pays la proclamation du général Biron. Le 15 décembre eurent lieu les élections de députés pour la première assemblée de la Rauracie, qui créa une « Convention nationale », que ne tarda pas à dissoudre un décret de la Convention française.

Gobel avait réussi, avec les baïonnettes françaises, à faire proclamer la République rauracienne. Il avait voulu y attirer la prévôté de Moutier. Mais toute son éloquence était venue échouer devant cette déclaration catégorique du bandelier de cette partie des Etats de l'évêché, combourgeoise de Berne : « Monseigneur, nous n'avons jamais été accoutumés à être si riches ». Gobel lui promettait, et à ses commettants, leur part du partage qui allait être fait des biens du prince-évêque. Et c'était un protestant qui lui donnait cette réponse[1] !

Tout révolutionnaires qu'ils étaient, les agissements de Gobel à Porrentruy ne furent pas du goût du ministre des affaires étrangères, Pache, qui, par lettre du 4 janvier 1793, rappela son commissaire à Paris. Cependant Gobel ne quitta Porrentruy que le vendredi 11 janvier. A cette date, Guélat fait cette remarque, qui ne manque pas de sel : « Ce matin, Gobel est parti du château. C'est donc là qu'il s'était installé, dans les appartements du prince fugitif, peut-être pour aller voir s'il est vrai, comme on l'assure, que deux voitures chargées des effets du château sont arrêtées à Mortzwiller et la troisième à Florimont »[2]. Mortzwiller était un lieu cher à Gobel. Le citoyen-prélat y possédait, en toute modestie, un

1. Koetschet, op. cit.
2. Guélat, 11 janvier 1794.

château de plaisance avec parc, jardin anglais et labyrinthe [1], ce dernier orné de naïades dans le pur goût des temps mythologiques [2].

De retour à Paris, le commissaire Gobel eut à se défendre de la plainte portée contre lui à la barre de la Convention, le 27 janvier, par trois membres du club de Porrentruy, qui l'accusaient de despotisme exercé avec ses deux « triumvirs », Rengguer et Demars. Cette dénonciation, renvoyée aux comités diplomatiques par la Convention, fut conjurée habilement par Gobel à l'aide d'une nouvelle députation rauracienne, envoyée par Rengguer, et qui le rendit blanc comme neige, le 7 février, à la barre de la Convention.

Là se termine le rôle politique de Gobel. Pendant le reste de l'année 1793, il fut en relation, d'après le reproche qui lui sera fait par l'accusateur public au jour de sa condamnation à mort, avec les Girondins Brissot, Guadet et autres « ennemis du peuple », qui auraient tenu chez lui des conciliabules contre-révolutionnaires. Il eut donc à verser un pleur sur le supplice des Girondins (qui ne l'avaient pas volé), le 31 octobre 1793, lui qui n'avait pas pleuré le supplice de la reine, quinze jours avant celui de ses amis, lui qui avait applaudi, du moins par son silence, au décret de déportation porté contre les prêtres fidèles le 26 mai 1792, ainsi qu'au massacre de deux évêques, d'un archevêque et de cent prêtres, les 2 et 3 septembre, tant aux Carmes qu'à l'Abbaye et à la Force. Après toutes ces horreurs et bien d'autres passées sous ses yeux, que lui restait-il à faire pour descendre au fond de l'abime, sinon l'affreuse démarche à laquelle il se laissa entrainer le jeudi 7 novembre 1793, date plus que toute autre à jamais néfaste pour la mémoire de Gobel! Spectacle

1. BAQUOL, *Dictionnaire d'Alsace.*
2. WINTERER, *Persécution*, 65. Cet auteur, au lieu d'un château, ne parle que d'un moulin.

vraiment écœurant. Nous le voyons, en ce jour sinistre, s'acheminer de l'archevêché de Paris à la barre de la Convention. Conduit par Chaumette et le maire Pache, il est accompagné de ses vicaires généraux. Quel langage va-t-il faire entendre devant cette assemblée impie? « Citoyens, s'écrie-t-il, aujourd'hui que la fin de la Révolution approche, aujourd'hui que la liberté marche à grands pas, aujourd'hui qu'il ne doit y avoir d'autre culte national que celui de la liberté et de l'égalité, je renonce à mes fonctions de ministre du culte catholique. Mes vicaires font la même déclaration : nous déposons sur votre bureau tous nos titres de prêtrise ».

A ces mots, l'assemblée et les tribunes, à l'exemple de l'abbé Chaumette, applaudissent. L'accolade est donnée au « citoyen » Gobel, et sans doute à ses onze vicaires épiscopaux, signataires avec lui de la déclaration qui vient d'être lue, et qui sont les suivants : Denour, Laborey, Delacroix, Lambert, Priqueler, Voisard, Boulliot, Genais, Deslandes, Dherbis et Martin [1].

La terreur a fait de Gobel un apostat. Son apostasie du moins le sauvera-t-elle de la mort? Il n'en est rien.

Trois jours après, il verra « sa cathédrale » transformée en temple de la déesse Raison (10 novembre), et six semaines plus tard il sera jeté en prison comme conspirateur. Le 22 décembre, le chroniqueur Guélat écrit dans ses *Remarques* : « Gobel est dans les prisons de l'abbaye de Paris depuis quelque temps ».

Le malheureux apostat eut donc à gémir, au fond d'une prison, pendant plus de trois mois avant sa condamnation. Il eut le temps, on le voit, de réfléchir sur son passé et de revenir à la foi de ses meilleures années. C'est ce qu'il fit en effet, et nous bénissons Dieu des larmes de repentir dont il dut mouiller la lettre qu'il fut assez heureux de faire parvenir, des

1. Elie Sorin, *République française*, p. 540.

ombres de son cachot, à son ancien ami, l'abbé Lothringer[1], auquel il écrivait, peu avant son supplice : « Mon cher abbé, je suis à la veille de ma mort ; je vous envoie ma confession par écrit. Dans peu de jours, je vais expier, par la miséricorde de Dieu, tous mes crimes et mes scandales contre sa sainte religion. J'ai toujours applaudi dans mon cœur à vos principes. Pardon, cher abbé, si je vous ai induit en erreur. Je vous prie de ne me point refuser les derniers secours de votre ministère, en vous transportant à la porte de la Conciergerie, sans vous compromettre ; et, à ma sortie, de me donner l'absolution de mes péchés, sans oublier le préambule *Ab omni vinculo excommunicationis*. Adieu, cher abbé, priez Dieu pour mon âme, à ce qu'elle trouve miséricorde devant lui. J. B. J., évêque de Lydda ».

« En face de la mort, dit un historien judicieux, Gobel ne se souvint que de ce qu'il a été par la miséricorde de Dieu et la grâce du siège apostolique ; il signe : évêque de Lydda, et non de Paris »[2].

D'après un décret obtenu de la Convention par Saint-Just, trois catégories d'ennemis de la République furent envoyées à l'échafaud du 1er au 24 germinal de l'an II. Ce furent d'abord les Hébertistes accusés d'*anarchie*. Après eux les *indulgents* dits Dantonistes. Et troisième fournée : les *athées*. C'est dans cette dernière classe que fut rangé Gobel, avec son ami Chaumette et divers autres[3]. Amené sur la sellette des

1. François-Joseph Lothringer, né à Thann en mai 1740, était aumônier des étrangers à l'Hôtel-Dieu de Paris et de Saint-Louis, lorsque, à l'exemple de Gobel, il prêta serment à la Constitution civile du clergé. Mis au nombre des dix-sept vicaires épiscopaux de l'intrus Gobel, il ne tarda pas à se repentir de son serment et ne parut pas avec lui à la barre de la Convention. Après avoir subi quatre emprisonnements, il ne sortit de l'île de Rhé que pour venir pleurer ses erreurs à Thann, où il est mort en décembre 1803, dans sa soixante-quatrième année. (V. *Revue cathol. d'Alsace*, 1895, pages 1-7 et 86-91).

2. WINTERER, op. cit., 73.

3. Alph. CORDIER, *Martyrs et bourreaux de 1793*, tome II, pages 200-204.

accusés, Gobel entend le président Herrmann lui poser cette question : « As-tu, de concert avec ton neveu, provoqué, au son du canon, la dissolution de la société populaire de Porrentruy, afin de vous dispenser de rendre compte de vos pillages dans le château ? » Gobel répond que les dépouilles du château appartenaient bien à lui et à son neveu, à titre d'indemnités, parce qu'ils avaient sacrifié leur fortune pour procurer la liberté aux habitants de Porrentruy. Il fut ensuite interpellé sur les conciliabules tenus chez lui avec les ennemis du peuple, tels que Brissot, Guadet et Luckner ; sa réponse ne fut pas plus satisfaisante [1].

Le réquisitoire de l'accusateur public, le terrible Fouquier-Tinville, porta en outre sur un autre point. « Gobel, dit-il, a déjà conspiré contre la République lors de sa mission à Porrentruy. Ensuite sa complicité est prouvée avec Clootz, Chaumette, Hébert et consorts, coalisés pour effacer toute idée de la divinité et pour fonder le gouvernement français sur l'athéisme. Leur but était de persuader aux peuples voisins que la nation française en était venue au dernier degré de dissolution en détruisant jusqu'à l'idée de l'Etre suprême... C'était dans des orgies à cent écus par tête que se concertaient, pendant la nuit, ces mœurs liberticides ». L'accusateur conclut à la peine de mort.

Elle fut en effet prononcée après trois heures de débats du jury, le 24 germinal an II, et mise à exécution le même jour, à six heures du soir, sur la place de la Révolution.

Le 24 germinal répond au 13 avril 1794. Et ce jour-là, l'Eglise célébrait le dimanche des Rameaux !

Dans la même charrette qui conduisit Gobel à la guillotine se trouvaient deux femmes, deux veuves : celle de Hébert et celle de Camille Desmoulins, qui allaient les rejoindre, par le même chemin qu'eux, dans la tombe.

1. *Histoire de la Révolution par N.* (grand admirateur de Robespierre), tome II.

Nous avons vu dans quels sentiments l'infortuné Gobel a vu venir son heure dernière. Il nous est agréable de confirmer ce que nous savons par ce témoignage d'un spectateur qui assistait à ce drame sanglant. C'était un nommé Caillot, d'Alle, alors en condition à Paris. Il connaissait parfaitement l'évêque de Lydda et voulut être témoin de sa mort. Assez adroit pour se glisser jusqu'au pied de l'échafaud, il l'entendit très distinctement redire plusieurs fois en montant les degrés du fatal instrument cette prière : « JÉSUS, Marie, Joseph, assistez-moi à ma dernière agonie ! » Il eut de la peine, ajoutait-il en le racontant, à retenir ses larmes.

La nouvelle du supplice de Gobel ne fit pas grande sensation dans le ci-devant évêché de Bâle. Guélat la mentionne froidement en peu de mots : « Lundi, 17 avril. Le bruit s'est répandu que Gobel a été guillotiné à Paris ». Le panégyrique n'est pas long, pas plus que n'est vif le regret [1].

Dieu, nous l'espérons, a fait miséricorde au grand coupable grandement repentant, et nous disons : Paix à sa mémoire ! Mais nous pouvons dire aussi que, si le châtiment a été aussi rude que mérité, l'Église n'a rien perdu à la mort précipitée de Gobel. S'il eût encore vécu en 1802, il est à croire qu'il se serait trouvé au nombre de ces malheureux évêques, nés ou fauteurs du schisme, dont la reconnaissance a été violemment imposée à Pie VII par Bonaparte, et que peut-être Gobel serait mort, pour la honte de Paris, archevêque de Paris méprisé, bien que légitimé, de la capitale de la France.

1. Le mercredi 21 mai suivant, Guélat ajoute : « On a vendu à l'encan dans la maison occupée par Rengguer les meubles et effets de Gobel, ci-devant évêque de Paris, guillotiné ».

TABLE DES MATIÈRES

1) Par suite d'une erreur de composition, ce XIIe suffragant est numéroté VIe, et ainsi de suite, ce qui ferait croire que le nombre de ces suffragants n'est que de 28, alors qu'il est en réalité de 34, comme cette table l'indique.

Berlière

LES

ÉVEQUES AUXILIAIRES DE BALE

AU XIIIe SIÈCLE

NOTES SUPPLÉMENTAIRES

La *Revue d'Alsace* a publié récemment (1903, pp. 235-241), sous la signature de Mgr. Chèvre, quelques notices sur les suffragants de l'ancien évêché de Bâle au XIIIe siècle. Quelque brèves que soient ces notices, dans l'état actuel des recherches sur les évêques auxiliaires (*Weihbischöfe*) du Moyen-Age, elles ont leur intérêt et leur utilité. Il y aura lieu sans aucun doute de les compléter, au besoin de les rectifier, mais c'est par ces appoints successifs que l'on arrivera un jour à donner un travail exact et définitif.

Lorsqu'on s'occupe des suffragants du XIIIe siècle, on ne doit jamais perdre de vue que ces dignitaires ecclésiastiques remplirent ordinairement leurs fonctions épiscopales dans plusieurs diocèses, soit simultanément, soit successivement. En recherchant leurs traces dans les diocèses voisins de celui qui fait l'objet de recherches directes, on peut être sûr de rencontrer les mêmes personnages. Bâle confinait à Strasbourg; Mayence n'était pas éloigné; Trèves et Cologne avaient entre eux des rapports assez étroits, et de Cologne à Münster, Osnabrück et Paderborn d'un côté, à Liège de l'autre il n'y avait pas trop loin. Effectivement, en consultant les travaux publiés jusqu'ici sur les suffragants de ces différents diocèses, on rencontre ceux qui exercèrent leurs fonctions dans le diocèse de Bâle. Les renseignements plus nombreux recueillis de cette façon permettent de mieux fixer la carrière de ces évêques.

Les notes supplémentaires que je publie aujourd'hui ont été recueillies au cours de mes lectures et de recherches spéciales pour un travail sur les suffragants de Cambrai et de Tournai, dont la *Revue bénédictine* a commencé la publication en janvier 1903.

Le premier évêque signalé par Mgr. Chèvre est **Jean**, *episcopus Lintoniensis*, que la Chronique de Thann assure avoir appartenu à l'ordre teutonique. Le P. Sudan en fait le premier suffragant de Bâle et place son ministère sous l'épiscopat de Henri de Thoune (1216-38).

L'évêché *Lintoniensis* n'est autre que celui de Lithuanie (*Lethoviensis, Lithoviensis, Litoviensis, Lettoviensis, Latoniensis, Laconiensis*) dont l'érection date de 1251 au plus tôt [1], ou même seulement de 1253 [2]. Le premier titulaire fut un religieux de l'ordre Teutonique, Chrétien, qu'on rencontre dans des actes de 1254 et qui exerça les fonctions de suffragant dans le diocèse de Mayence. Sa mort est fixée au 9 février 1271 [3].

Son successeur fut un autre religieux de l'ordre Teutonique, Jean, que l'on signale parmi les suffragants de Mayence à Erfurt en 1273 et 1279 [4]. Nous le rencontrons à Orvieto parmi les signataires d'une lettre d'indulgences accordées à l'abbaye de Saint-Michel de

1. BERGER, *Reg. d'Innocent IV*, n. 5440, t. III, p. I.

2. RIPOLL, *Bullar. Praedicat.*, I, 236, n. 307; cfr. POTTHAST, *Regesta*, n. 15027. Le 24 juin 1253 le pape Innocent IV chargea Albert, archevêque de Prusse et de Livonie, de faire choix d'une personne digne pour évêque du siège de Lithuanie.

3. EUBEL, *Hierarchia cathol. medii aevi*, I, 316.

4. FELDKAMM, *Geschichtliche Nachrichten über die Erfurter Weihbischöfe*, 30-31; KOCH, *Die Erfurter Weihbischöfe* (*Zeitschr. f. Thür. Gesch.*, VI, 65); RATTINGER, ap. *Der Katholik*, 1893, I, 147-148.

Lunebourg[1]; à Schuttern le 13 août et le 19 décembre 1283[2]; le 2 février 1285 à Colmar, d'où il adresse une lettre d'indulgences aux Frères-Mineurs de Rothenburg[3]; le 12 juin suivant au monastère des Cisterciennes de Baindt, qu'il consacra en qualité de suffragant de l'évêque de Constance[4], et, de nouveau, à Schuttern, le 24 août 1288, comme suffragant de Strasbourg[5]. Ces documents semblent assez bien indiquer que l'assertion du P. Sudan n'est pas correcte, et qu'on doit reculer d'un demi-siècle le ministère de l'évêque Jean de Lithuanie.

Thierry, évêque de Wierland (*Vironensis*) est mieux connu. C'était un franciscain, natif d'Hildesheim, qui fut élevé au siège de Wierland, situé aux confins de la Livonie et de l'Estonie, sous la métropole de Lund, puis de Riga, vers 1246[6]. Il exerça les fonctions d'auxiliaire dans les diocèses de Mayence[7], Trèves[8], Osnabrück[9], Paderborn[10], Cologne[11], Utrecht[12] et Strasbourg. C'est en effet l'évêque de Wierland (*Veronensis*), qui date de Colmar le 11 novembre 1284 une lettre

1. LEIBNITZ, *Script. rer. Brunswic.*, II, 383. Le pape Martin IV se trouvait alors à Orvieto.
2. SCHANNAT, *Vindem. litter.*, 20; *Gallia christ.*, V, 854.
3. EUBEL, *Hier. cath.*, I, 316.
4. *Diözesan-Archiv von Schwaben*, t. 7 (1890), p. 91, note.
5. SCHANNAT, *Vind. litt.*, 21; cfr. INGOLD, *Nouv. Œuvres inéd. de Grandidier*, III (*Alsatia sacra*, I), pp. 15-16.
6. EUBEL, *Hier. cath.*, I, 563.
7. KOCH, *Erfurter Weihbischöfe* (*Zeitschr. f. Thür. Gesch.*, VI, 63-65); FELDKAMM, 24-26; *Histor. Jahrbuch*, 1881, 371-373; 1888, p. 423; *Der Katholik*, 1895, I, 145.
8. HOLZER, *De proepiscopis Trevirensibus*, 18-22.
9. MÖLLER, *Geschichte der Weihbischöfe von Osnabrück*. Lingen, 1887, pp. 25-27.
10. EVELT, *Die Weihbischöfe von Paderborn*. Paderborn, 1869, pp. 20-23.
11. BINTERIM, *Suffraganei Colonienses extraordinarii*, 38-39.
12. On le rencontre dans le diocèse d'Utrecht le 8 décembre 1250 à l'abbaye d'Egmond (*Annal. Egmond.*, ed. de Geer van Jutfaas, pp. 98-99); *Mon. Germ. hist.*, XVI, 478. L'auteur des *Annales* fait un grand éloge de l'évêque de Thierry. On le trouve le 25 avril 1251 à Utrecht. (*Archief voor de geschiedenis van het aartsbisdom Utrecht*, VII, 156-57).

d'indulgences pour le monastère des Dominicaines des Unterlinden [1].

Albert, *ep. Prusanus*, est un personnage assez connu. C'était un religieux dominicain, qui avait reçu d'Innocent IV le 10 janvier 1246 le titre d'archevêque de Prusse et de Livonie [2], en échange de celui d'Armagh en Irlande [3]. Il garda ce titre jusqu'au moment où le pape Alexandre IV (20 janvier 1255) érigea la métropole de Riga, dont il devint le titulaire [4]. Dans un acte daté de Mons en Hainaut le 18 août 1250, il prend le titre de « *Dei gratia Prutie et Livonie archiepiscopus* » [5].

Comme nous le voyons remplacé à Riga dès le 5 novembre 1274 [6], et qu'on signale sa présence en 1280 à Saint-Amarin et à Schwarzenthan [7], il faut croire qu'il aura résigné le siège de Riga et repris son ancien titre.

Conrad, évêque de *Tulm*, est, si nous ne nous trompons, l'évêque de ce nom qui gouverna le diocèse de Toul de 1279 jusque vers 1296 [8]. Il était natif de Tubingue et appartenait à l'ordre de Saint-François. On lui attribue la fondation et la consécration du monastère de Sainte-Claire à Bâle [9].

Boniface, évêque de Bosnie ou de Diakovar [10], n'est pas non plus un inconnu. On sait que le 27 avril

1. A. INGOLD, *Le monastère des Unterlinden de Colmar au XIIIe s.* Strasbourg, 1896, p. 13.
2. POTTHAST, n. 11989.
3. EUBEL, I, 109, 442.
4. Ib.; cfr. v. GÖTZE, *Albert Suerbeer, Erzbischof von Preussen, Livland und Ehstland.* St.-Pétersbourg, 1854, 8°; W. WALLACE, *Life of St. Edmund of Canterbury.* Londres, 1893, p. 296, note.
5. L. DEVILLERS, *Chartes du chapitre de Ste-Waudru de Mons.* Bruxelles, 1899, I, 250-51.
6. EUBEL, I, 442.
7. *Revue d'Alsace*, 1903, pp. 238-39.
8. EUBEL, I, 530.
9. *Gallia christ.*, XIII, 1020.
10. La série des évêques de ce diocèse à la fin du XIIIe siècle est assez incertaine. (EUBEL, I, 146).

1292 il consacra l'église des Franciscains de Villingen en qualité de suffragant de l'évêque de Constance [1].

Ivan, évêque de Lacédémone [2], franciscain, accorda le 7 juin 1294 des indulgences à l'église de Bautzen [3], et, la même année, à celle de l'abbaye de Brevnov à Prague [4]. On le signale en 1299 à Soleure, et comme suffragant de Strasbourg, Bâle et Constance [5]. Le 11 octobre 1302 il consacra l'église de l'abbaye de Schwarzach [6].

D. URSMER BERLIÈRE, O. S. B.

1. EUBEL, *Gesch. der oberdeutschen Minoritenprovinz*, p. 212, note 84; *Freiburger Diözesanarchiv*, t. XXVIII, 43; t. XXX, 194.

2. Il ne faut pas confondre ce siège avec celui de Lacedogna (*Laquedonensis*) dans le sud de l'Italie.

3. *Cod. dipl. Saxon. reg.*, II, 2, p. 244; MACHATSCHEK, *Gesch. der Bischöfe des Hochstiftes Meissen*. Dresden, 1884, p. 223.

4. Archives de Brevnov, B, II, 50; *Studien und Mittheilungen aus dem Benediktinerorden*, 1882, I, p. 81.

5. EUBEL, I, 302.

6. *Gallia christ.*, V, 877; INGOLD, *Nouv. Œuvres inéd. de Grandidier*, III, 16.

www.ingramcontent.com/pod-product-compliance
Ingram Content Group UK Ltd.
Pitfield, Milton Keynes, MK11 3LW, UK
UKHW012214240726
13966UKWH00003B/756